AF613912

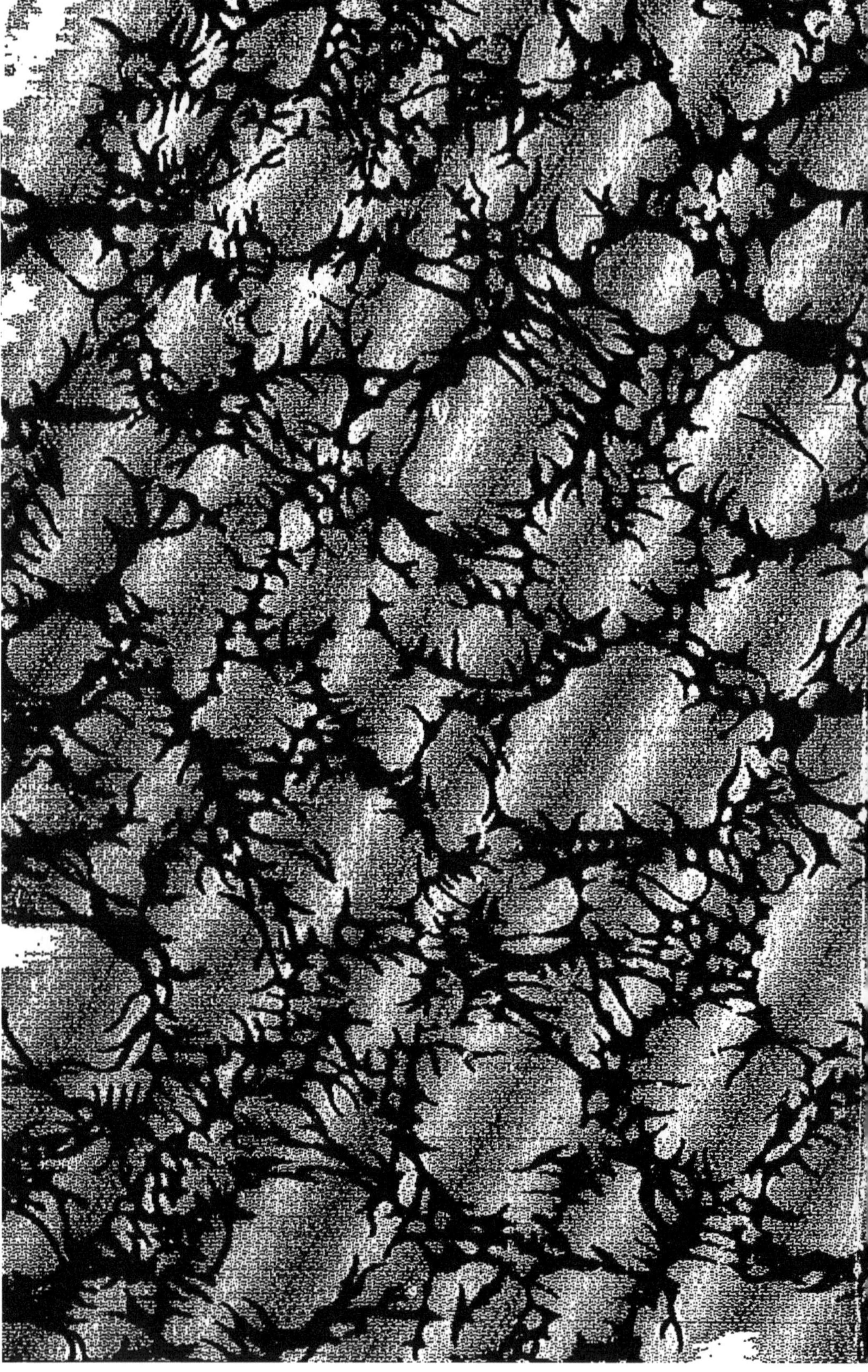

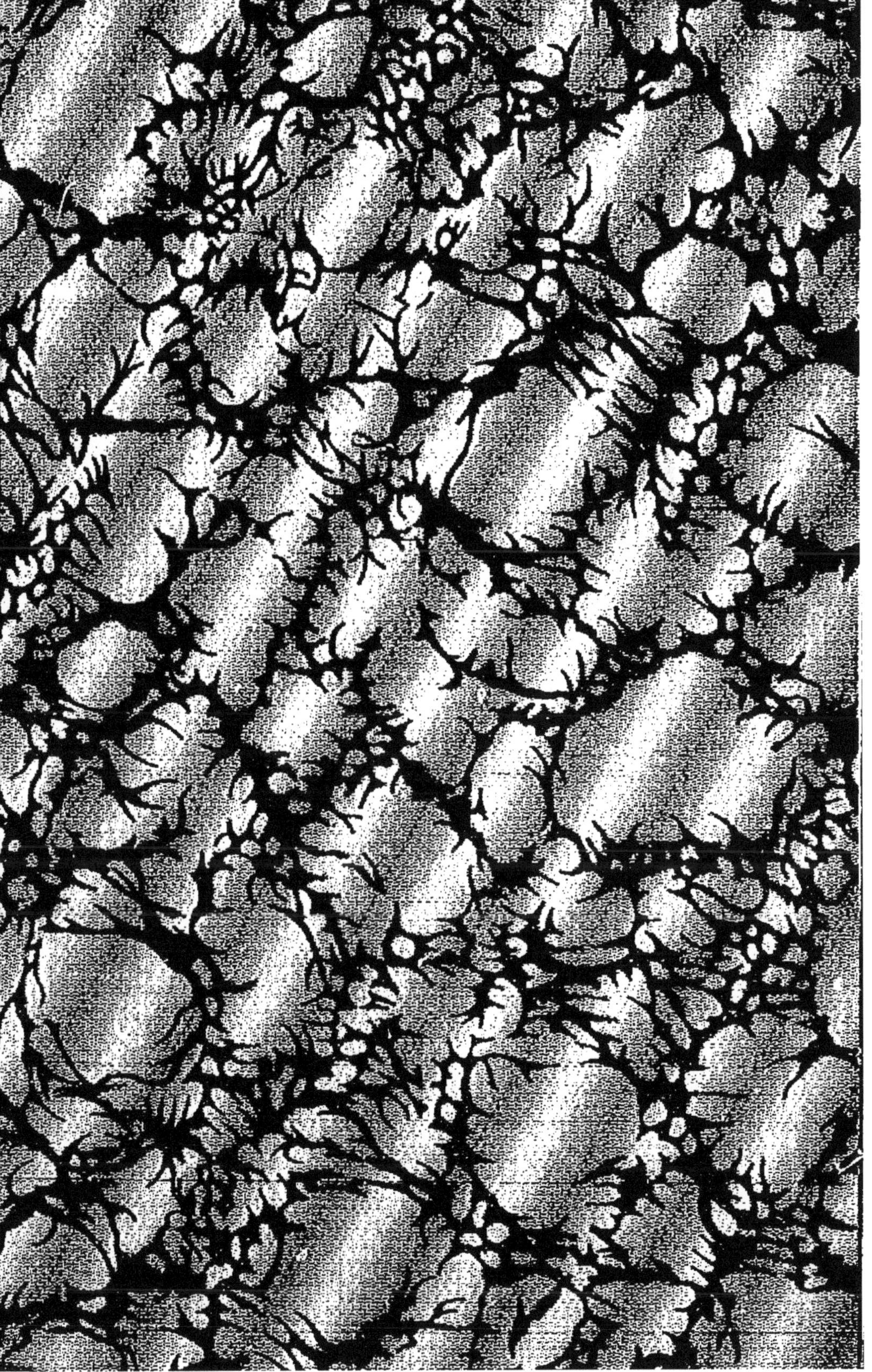

ÉCONOMIE SOCIALE

C. de Fromont de Bouaille
Docteur en droit
Avocat à la Cour d'appel de Lyon

# Conciliation et Arbitrage



VICTOR LECOFFRE

# Conciliation et Arbitrage

# BIBLIOTHÈQUE D'ÉCONOMIE SOCIALE

Publiée sous la direction de M. HENRI JOLY, de l'Institut,

Président de la Société d'Économie sociale.

VOLUMES PARUS :

**Conciliation et Arbitrage**, par C. de Fromont de Bouaille, docteur en droit, avocat à la Cour d'appel de Lyon.

**Corporations et Syndicats**, par M. Gustave Fagniez, membre de l'Institut.

**La Réglementation du travail**, par M. A. Béchaux, correspondant de l'Institut, professeur à la Faculté libre de droit de Lille.

**La Terre et l'Atelier. Jardins ouvriers**, par M. Louis Rivière, vice-président de la Société d'Économie sociale.

**L'Alcoolisme et les moyens de le combattre jugés par l'expérience**, par le Dr Jacques Bertillon, chef des travaux statistiques de la ville de Paris. *Deuxième édition.*

**L'Enfance coupable**, par M. Henri Joly. *Deuxième édition.*

**La Coopération**, par M. P. Hubert-Valleroux, avocat à la Cour d'appel de Paris. *Deuxième édition.*

**Cartells et Trusts**, par M. E. Martin Saint-Léon. *Deuxième édition.*

*Cet ouvrage a obtenu une médaille d'or à l'Exposition universelle de Saint-Louis (1904).*

**Les Grèves**, par M. Léon de Seilhac. *Deuxième édition.*

**Mendiants et vagabonds**, par M. Louis Rivière, vice-président de la Société d'Économie sociale. *Deuxième édition.*

*Ouvrage couronné par l'Académie française.*

**La Population**, par M. des Cilleuls, membre du comité des travaux historiques et scientifiques. *Deuxième édition.*

**La Petite Industrie contemporaine**, par M. Victor Brants, de l'Académie royale de Belgique, professeur à l'Université de Louvain. *Deuxième édition.*

***Chaque volume in-12. Prix : 2 fr.***

TYPOGRAPHIE FIRMIN-DIDOT ET Cie. — MESNIL (EURE).

ÉCONOMIE SOCIALE

C. de Fromont de Bouaille
Docteur en droit
Avocat à la Cour d'appel de Lyon



# Conciliation et Arbitrage

PARIS
LIBRAIRIE VICTOR LECOFFRE
RUE BONAPARTE, 90

1905

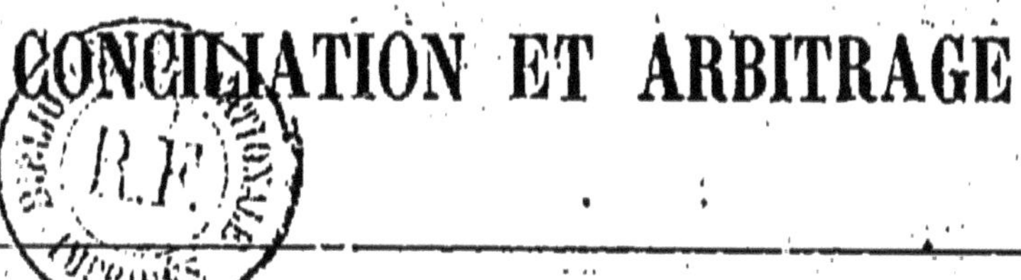

# CONCILIATION ET ARBITRAGE

## INTRODUCTION

Ce qu'il faut entendre par les Institutions de Conciliation et d'Arbitrage. — Idée de Conflit collectif. — La Conciliation. — L'Arbitrage. — La Médiation. — Plan de l'ouvrage.

A notre époque, et pour des causes multiples qu'il n'y a pas lieu de rechercher ici, les conflits entre le capital et le travail sont de plus en plus nombreux et de plus en plus menaçants pour l'ordre social.

Il était donc tout naturel que ceux qui sont le plus intéressés à ce que le travail industriel s'accomplisse sans ces secousses violentes -- c'est-à-dire les patrons et les ouvriers — et ceux qui ont accepté la mission d'assurer le bon ordre dans l'État, se préoccupent de rechercher les moyens les plus efficaces pour assurer une solution pacifique à des conflits qui sont absolument inévitables.

De ce concours de bonnes volontés sont nées de très nombreuses organisations que l'on désigne, en bloc, sous le nom d'Institutions de Conciliation et d'arbitrage. Celles-ci doivent être étudiées ensemble parce qu'elles poursuivent le même but : éviter les conflits collectifs du travail et, quand on n'a pu les éviter, en procurer la solution pacifique. Mais elles offrent dans leur origine et dans leur constitution la plus grande diversité.

La première impression que l'on éprouve à aborder l'étude des Institutions de Conciliation et d'arbitrage est peu encourageante. Il semble qu'on se trouve en présence d'une infinité d'efforts particuliers faits ici par les intéressés, là par des organisations puissantes, comme la Chambre de Commerce de Londres, ailleurs par l'État, tendant, il est vrai, au même but, mais s'inspirant d'idées très différentes; en un mot on se demande s'il y a quelque conclusion pratique à tirer de ces multiples essais.

Nous croyons qu'il n'est pas impossible de mettre un peu d'ordre dans ce chaos apparent, ni de tirer des conclusions pratiques des expériences tentées dans tous les pays industriels.

Il importe avant tout de bien délimiter le sujet et de dégager l'idée de *Conflit collectif*, puisque c'est seulement des conflits collectifs et de leur solution que nous allons avoir à nous occuper.

Un conflit individuel entre un patron et un ouvrier peut bien être solutionné par la conciliation ou par le jugement d'arbitres — c'est ce qui a lieu devant les Conseils de Prud'hommes, — mais quand on parle d'Institutions de conciliation et d'arbitrage on a toujours en vue le règlement des conflits collectifs. Le Conflit collectif est naturellement caractérisé d'abord par la cessation collective ou la menace de cessation collective du travail, soit que la cause du conflit intéresse directement tous les intéressés — augmentation de salaire, règlement du travail — soit que la généralité des ouvriers décident de faire cause commune avec un camarade par esprit de solidarité. L'idée de grève déclarée ou menaçante est donc intimement liée à l'idée de conflit collectif; on conçoit, du reste, qu'on ne saurait fixer un nombre minimum d'intéressés, mais que le conflit est d'autant plus grave, d'autant plus menaçant pour l'ordre public, que ce nombre est plus considérable. Or, tout tend dans l'organisation actuelle du travail à augmenter l'importance des conflits de ce genre : le droit de réunion consacré par la loi du 30 juin 1881, le droit de coalition reconnu par la loi du 25 mars 1864, le droit d'association professionnelle proclamé par la loi du 21 mars 1884 et surtout l'esprit d'étroite camaraderie qui pousse les ouvriers à se solidariser avec celui d'entre eux qui croit être lésé dans ses droits. On peut donc dire que, le plus souvent, tout conflit individuel contient la menace d'un conflit collectif.

Mais tandis que si le conflit demeure à l'état individuel, le Conseil des Prudhommes n'aura qu'à appliquer un contrat existant, en l'interprétant si cela est nécessaire; dès que le conflit sera devenu collectif c'est l'existence même de ce contrat qui sera mise en question. C'est un fait bien connu de tous ceux qui ont eu à s'occuper des grèves, que l'état de grève provoque la naissance de réclamations qui n'avaient pas été soulevées auparavant et que les conditions du contrat de travail sont presque toujours remises en discussion. On peut donc tenir pour certain qu'un des caractères *ordinaires* du conflit collectif est de tendre à la modification et non à l'application du contrat de travail. C'est là une observation très importante et dont nous aurons à nous souvenir quand nous parlerons de l'arbitrage obligatoire.

Il importe aussi de distinguer soigneusement deux choses qui, dans le langage courant, sont constamment confondues et prises l'une pour l'autre. On emploie, dans la presse quotidienne, le mot conciliation et le mot arbitrage sans aucun souci de leur sens propre ou plutôt on n'emploie guère que le mot arbitrage pour désigner, d'une façon générale, toutes les démarches qui ont pour but de mettre fin à une grève.

Et pourtant il y a là des choses bien différentes et qu'il est essentiel de distinguer si l'on a quelque souci de parler clairement.

Des ouvriers en conflit avec leur patron donnent à quelques-uns d'entre eux la mission de s'aboucher avec lui, de lui exposer leurs griefs et de rechercher les bases d'un arrangement : ils font de la *Conciliation* et cette situation est caractérisée par ce fait que les intéressés discutent librement entre eux de la question qui les divise, qu'ils tâchent d'aboutir à un arrangement, mais qu'ils ne se sont dessaisis au profit de qui que ce soit d'aucune partie du droit qui leur appartient de discuter leurs propres affaires. Quelle que soit la forme d'une tentative de conciliation; qu'elle soit spontanée ou provoquée ou bien imposée par la force de la loi, on y retrouvera toujours ce caractère essentiel : deux parties discutant librement et ayant conservé intégralement le droit de régler leur attitude suivant leur intérêt.

L'*Arbitrage* est tout autre chose. Ici nous voyons intervenir un tiers; l'arbitre, qui peut être choisi spécialement pour un cas donné, ou désigné à l'avance par une convention d'arbitrage ou imposé par la loi, mais qui possède essentiellement le droit, après avoir entendu les intéressés, de formuler un avis personnel. Cette sentence aura, suivant les conditions du compromis ou les dispositions de la loi, un pouvoir moral seulement ou bien la force d'une décision de justice, mais elle sera toujours une sentence, c'est-à-dire l'expression de l'opinion d'une tierce personne se substituant à l'opinion des intéressés.

Alors que la tentative de conciliation ne pouvait aboutir qu'à un accord ou à un refus d'accord, l'arbitrage se terminera toujours par une décision, mais celle-ci n'émanera plus des parties intéressées mais d'un tiers qui aura reçu mission de les départager.

A côté de ces deux solutions normales d'un conflit on serait tenté d'en placer une troisième, la *Médiation*. Il arrive très fréquemment que pour mettre fin à un conflit interminable, on fait appel à l'intervention d'un personnage politique considérable. Ainsi fut provoqué, notamment, l'arbitrage de M. Loubet dans la grève de Carmaux en 1892 et celui de M. Waldeck-Rousseau dans la grève du Creusot en 1899. Cela est, au fond, de l'arbitrage, mais un arbitrage d'une nature spéciale et qui n'est pas sans inconvénients. Du moins serait-il prudent de n'y recourir qu'à titre tout à fait exceptionnel et de se rappeler ces sages paroles de Gladstone refusant d'intervenir en décembre 1893 dans la grève des mineurs écossais : « Je dois vous rappeler, écrivait-il au Président de la Fédération des mineurs, le 6 décembre 1893, que l'influence morale du gouvernement et d'un ministre en particulier n'est pas un instrument auquel il serait prudent de recourir habituellement en pareille matière, ni lorsque les difficultés existantes peuvent être résolues autrement [1]. »

C'est la voix du bon sens. Ceux qui sollicitent l'intervention d'un haut personnage politique, se laissent facilement soupçonner de rechercher dans cette intervention bien plus un patronage puissant qu'un moyen de parvenir à une solution pacifique. L'introduction de la politique dans les conflits du travail est toujours un mauvais présage.

Bornerons-nous ce travail à l'étude strictement limitée des institutions qui ont pour but bien déterminé et spécial, la solution par la conciliation et l'arbitrage des conflits collectifs du travail ? Non assurément, et le sujet nous paraît embrasser un domaine plus vaste. Dans beaucoup de pays, on n'a pas créé des organismes spéciaux pour les conflits collectifs, et pour les conflits individuels ; les uns et les autres sont de la compétence des mêmes tribunaux ou Conseils. Nous étudierons donc ces institutions ne laissant de côté que celles qui, comme les Conseils de prud'hommes français, sont strictement limitées par leur charte de fondation à la connaissance des litiges individuels.

1. *Bulletin de l'Office du Travail*, 1894, p. 38-39.

De plus, ne faut-il envisager que les conflits déclarés ou sur le point d'éclater? Ne doit-on pas accorder une attention au moins égale aux institutions qui ont pour but de les prévenir en assurant, par divers moyens, un contact permanent entre le personnel et la direction des usines? Dans certaines industries, un Comité mixte fixera les salaires pour le trimestre prochain, d'après les prix de vente pratiqués pendant le trimestre écoulé; ailleurs on aura constitué un Conseil d'usine, associant dans une certaine mesure les ouvriers dans la direction — au point de vue de la discipline et de la police intérieure — de l'entreprise; ailleurs des délégués ouvriers élus par leurs camarades recevront la mission de transmettre constamment à la direction les plaintes et les *desiderata* du personnel. Dans tous ces cas il n'y a ni conflit collectif, ni conciliation, ni arbitrage; il n'y a que des mesures de prévention, une organisation destinée à diminuer le nombre des causes de conflits, à maintenir la bonne harmonie entre les facteurs de la production et à assurer la paix des ateliers. Tout cela ne rentre-t-il pas naturellement dans notre sujet?

Nous étudierons donc non seulement les institutions destinées à solutionner par la conciliation et l'arbitrage, les différends collectifs, mais aussi celles qui ont pour but de créer et de maintenir de bons rapports entre les patrons et les ouvriers. Une première partie sera consacrée à l'étude de ces institutions dans les pays étrangers; la seconde partie sera consacrée à la France et nous étudierons dans deux chapitres les institutions créées par l'initiative privée et la législation existante ou en préparation.

Nous aurons à passer en revue, dans la première partie, consacrée aux législations étrangères, un nombre assez considérable d'institutions appartenant à des types très divers; nous aurions donc désiré pouvoir les classer en un certain nombre de groupes présentant des ressemblances : notre exposé aurait ainsi acquis plus de simplicité et plus de clarté. Mais il nous a paru impossible de trouver une classification qui comprenne toutes les institutions sans amener des redites.

Il aurait fallu pouvoir prendre comme base de cette classification un des traits importants de la constitution des conseils de conciliation et d'arbitrage : par exemple leur compétence, et mettre ainsi en relief la distinction importante entre les conflits individuels et les conflits collectifs. C'est à ce caractère que s'est attaché M. Pic, dans son *Traité de législation industrielle,* pour établir la classification des institutions de conciliation et d'arbitrage.

Nous ne suivrons pourtant pas cette classification dans les explications qui vont suivre, car elle tient compte seulement de la législation des divers pays, tandis que l'importance de la législation et celle des institutions existant et fonctionnant réellement sont souvent loin d'être en rapport. En Angleterre, par exemple, la législation a peu d'importance et les institutions de conciliation et d'arbitrage se sont constituées avant elle et souvent en dehors d'elle. En Belgique l'institution des Conseils du travail mérite certes d'être étudiée, mais les Chambres d'explication de Mariemont et de Bascoup créées par l'initiative privée ne sont pas moins dignes de retenir notre attention.

Grouper les institutions selon qu'elles émanent de la loi ou de l'initiative privée nous exposerait à de continuelles redites, car presque tous les pays nous présentent des institutions de ces deux types. Prendre comme base d'une classification la permanence ou le caractère temporaire des institutions nous conduirait à placer en face de la loi française du 27 décembre 1892 presque toutes les autres institutions.

Nous avons donc pris le parti d'examiner successivement dans chaque contrée les institutions de conciliation et d'arbitrage, qu'elles émanent de l'initiative privée ou qu'elles aient un caractère officiel; qu'elles soient permanentes ou temporaires; qu'elles visent plus spécialement les conflits collectifs ou les conflits individuels; qu'elles donnent la supériorité à la tentative de conciliation ou à l'arbitrage; qu'elles demeurent facultatives pour les parties ou qu'elles soient rendues obligatoires par la loi.

# PREMIÈRE PARTIE

# PAYS ÉTRANGERS

## CHAPITRE PREMIER

### ANGLETERRE.

Le Conseil de la Bonneterie à Nottingham (Type Mundella) et le Conseil du bâtiment à Wolverhampton (Type Kettle). — Les Conseils corporatifs de conciliation et d'arbitrage. — Le système de l'Échelle mobile. — Les Conseils de district. — La loi du 7 août 1896. — Résultats généraux.

C'est en Angleterre que les institutions de conciliation et d'arbitrage ont pris naissance ; elles s'y sont développées beaucoup, revêtant des formes très diverses suivant les industries, et elles présentent ce caractère très intéressant qu'elles ne doivent rien ou presque rien à la loi et qu'elles ont été créées d'un commun accord entre les intéressés, généralement sous la forme de Conseils permanents.

Nous ne pouvons étudier ici avec détail des institutions si diverses, dont l'énumération serait du reste fastidieuse, et nous nous proposons de faire connaître seulement quelques-uns des types les plus caractéristiques pour parler ensuite de la loi du 7 août 1896 et terminer par quelques chiffres, extraits des statistiques officielles, de nature à faire ressortir l'importance des résultats obtenus.

## Le Conseil de la bonneterie à Nottingham (type Mundella) et le conseil du bâtiment à Wolverhampton (type Kettle).

Ces deux célèbres Conseils de conciliation et d'arbitrage, institués l'un en 1860 et l'autre en 1864, ont fixé l'attention par l'importance des résultats obtenus; mais ils ne sont pas les premiers qui aient fonctionné en Angleterre.

Sans parler des associations ouvrières qui ont inséré dans leurs statuts des dispositions prescrivant de recourir à tous les moyens de conciliation avant de décider la cessation de travail, toujours ruineuse, on peut signaler, dès 1836, la convention par laquelle les potiers de Glascow remettaient à une commission annuelle mixte le soin de fixer le taux des salaires et stipulaient que « s'il s'élevait quelque différend sur les prix à payer en vertu de la convention, il serait soumis à un conseil d'arbitrage formé de trois patrons et de trois ouvriers ». En 1860 cette institution existait encore; elle avait toujours pu arranger à l'amiable une moyenne de 90 % des conflits qui lui étaient soumis. Trois ans plus tard, les tisseurs de tapis adoptaient une organisation semblable, qui rendit les plus grands services.

En 1849 fut créé le Conseil de l'industrie de la soie à Macclesfield; il était permanent et établissait le tarif des salaires, de même qu'il avait compétence pour appliquer les contrats existants. Chacune des fabriques adhérentes y envoyait ses représentants; il était composé de douze patrons et de douze tisserands, plus un président et un secrétaire qui n'avaient pas voix délibérative.

Les typographes organisèrent aussi, en 1859, une Commission arbitrale formée de trois patrons imprimeurs et de trois compositeurs assistés d'un avocat remplissant les fonctions de tiers arbitre.

Ces premières tentatives méritaient d'être signalées, mais il nous faut maintenant étudier avec plus de détails les conseils de conciliation et d'arbitrage créés par M. Mundella et M. Kettle.

M. Mundella était industriel à Nottingham, centre principal, en Angleterre, de l'industrie de la bonneterie; laissons-le nous faire lui-même le tableau de la situation de l'industrie en 1860 et nous raconter comment il fonda le Conseil de conciliation.

« En temps de crise, dit-il, le manufacturier rançonnait ses ouvriers autant qu'il le pouvait et d'autant plus, évidemment, qu'il avait moins de conscience, et, lors des reprises, il résistait aussi longtemps que possible à la hausse des salaires, naturellement amenée par l'accroissement de la demande. Les ouvriers envoyaient alors aux diverses manufactures des délégués de leurs associations. Ici, on les mettait à la porte — les patrons ne voulant pas reconnaître l'intervention des *trade-unions;* — ailleurs on leur répondait : C'est bien, nous verrons ce que feront nos voisins. Après avoir été reçus de cette façon dans toutes les fabriques, il arrivait le plus souvent que les ouvriers abandonnaient le travail et faisaient une grève dont la durée ne dépendait plus que des circonstances. D'ailleurs ils exigeaient peut-être plus qu'il n'était raisonnable de demander, plus que ne le permettait l'état des affaires. C'était alors entre le manufacturier et l'ouvrier à qui affamerait l'autre, jusqu'à ce qu'on arrivât à un compromis. »

En 1860 précisément, trois grèves successives avaient si bien épuisé et les ouvriers et les patrons que ceux-ci songeaient à un *lock-out*.

« Trois d'entre nous, dit M. Mundella devant la Commission des trade-unions, en 1867, réunirent une douzaine de chefs d'associations ouvrières. Nous nous expliquâmes avec eux; nous leur fîmes comprendre que le système actuel était détestable, car il avait pour résultat d'enlever aux patrons tout leur profit quand la situation des affaires était prospère et de ruiner les ouvriers en temps de crise; que ce n'était en somme que le système de la spoliation réciproque. Certes les ouvriers étaient pleins de préventions et je ne pourrais vous dire à quel degré la méfiance régnait entre nous. Il y eut même des manufacturiers qui nous blâmèrent, prétendant que nous les dégradions... Malgré tout nous persistâmes dans notre résolution et nous arrivâmes à fonder ce qui fut appelé un Conseil d'arbitrage et de conciliation. »

Voici quelle était l'organisation de ce premier Conseil, qui a servi de modèle à beaucoup d'autres. Il était *mixte*, composé de onze patrons et de onze ouvriers, élus pour un an et rééligibles. Il était *permanent* dans le sens le plus complet du mot; c'est-à-dire qu'en dehors de tout conflit il avait des réunions périodiques trimestrielles. Il organisait la conciliation à deux degrés, d'abord devant les deux secrétaires du Conseil, puis devant un Comité d'enquête composé de quatre membres du Conseil désignés pour un an par leurs collègues et formant, en quelque sorte, une permanence pendant l'intervalle des sessions.

L'arbitrage appartenait au Conseil après échec des tentatives de conciliation et, à cet effet, pour prévenir un partage de voix possible, puisque les membres du conseil formaient un nombre pair, le président recevait le droit de le départager; sa voix était prépondérante.

En fait, M. Mundella expliquait en 1868, qu'on avait pris l'habitude de ne plus voter mais de se mettre d'accord par des concessions mutuelles et qu'on y arrivait toujours. Ceci est bien dans l'esprit de l'institution qui a toujours donné la primauté à la conciliation sur l'arbitrage.

Ajoutons que les statuts posent le principe que le conseil n'examine pas les réclamations d'ouvriers en grève et que, dans l'art. 2, ils définissent excellemment le but poursuivi : l'objet dudit conseil, y est-il dit, est d'être l'arbitre dans toutes les questions relatives aux salaires et, par mesure de conciliation, d'interposer son influence pour déterminer le caractère des différends qui peuvent se produire et pour y mettre un terme.

M. Kettle n'était pas un manufacturier comme M. Mundella : il était juge à la Cour de Comté de Worcestershire, quand il fut choisi comme tiers-arbitre par les délégués patronaux et ouvriers chargés de terminer par un arbitrage une grève qui, pendant sept semaines, avait arrêté l'industrie du bâtiment à Wolverhampton.

Le succès obtenu dans cette affaire donna à M. Kettle la pensée de rendre permanente cette commission d'arbitrage, composée d'arbitres délégués par les patrons et les ouvriers intéressés et d'un tiers-arbitre.

Une copie de la convention fixant les conditions du travail est remise à chaque ouvrier et affichée dans les ateliers; ainsi se forme par l'acceptation des conditions du travail, résultant de ce que les ouvriers embauchés ont été mis au courant de ces conditions avant de s'embaucher, un engagement qui les lie à leur observation. On sent ici le magistrat.

Du reste la pratique se chargea de corriger ce que cette conception pouvait avoir de trop systématique. On s'aperçut bien vite que le mécanisme de l'arbitrage ne convenait qu'aux conflits importants et qu'il était pratiquement inapplicable aux petits conflits quotidiens, qui demandent surtout à ce qu'on les examine rapidement et qui ne nécessitent pas l'imposante mise en scène d'un arbitrage régulier. On modifia donc sur ce point, dès la seconde année de son existence, les statuts du conseil de Wolverhampton, en stipulant que les conflits de peu d'importance seraient d'abord soumis à une tentative de conciliation devant un des arbitres patrons et un des arbitres ouvriers du conseil, désignés par les parties intéressées, et que l'on n'aurait recours à l'arbitrage qu'en cas d'échec de cette tentative.

On voit que ces deux célèbres conseils partant de

deux idées opposées aboutissent pratiquement au même résultat : une tentative de conciliation et, en cas d'échec, un arbitrage.

## Les conseils corporatifs de conciliation et d'arbitrage, le système de l'échelle mobile.

Les institutions de conciliation et d'arbitrage qui fonctionnent en Angleterre répondent à deux types principaux.

Les *conseils corporatifs* sont spéciaux à une industrie et les membres qui les composent sont généralement désignés par l'association locale de patrons et les trade-unions du district et de l'industrie intéressée. Le conseil fondé par M. Mundella à Nottingham avec le concours des patrons ses collègues et de l'ensemble des ouvriers de la bonneterie de la région appartenait à ce type.

Les *conseils de district* sont d'invention plus récente; ils sont généralement formés par les Chambres de commerce et les Trade-councils d'un district et leurs opérations ne sont pas limitées à une industrie particulière.

Nous allons donner une idée de l'organisation de ces deux sortes d'institutions.

Les deux industries qui possèdent le plus grand nombre de conseils corporatifs sont l'industrie de la chaussure et celle des mines; la métallurgie fournit aussi un contingent important quoiqu'elle ait recours le plus souvent au système de l'échelle mobile, dont nous voulons d'abord donner une idée.

On appelle *échelle mobile* une convention qui a pour but de régler automatiquement les salaires. Dans ce but on commence par déterminer un certain prix de vente du produit de l'industrie et par décider qu'à ce prix de vente correspondra un certain salaire, qui sera la base de l'échelle mobile ascendante et descendante. Ainsi, par exemple, l'échelle mobile de Durham (convention de 1882) fixe comme salaire-type le prix qui est payé quand le charbon est à un prix intermédiaire entre 4 shillings et 3 sh. 10 d. (5,00 et 4,75). Prenant comme point de départ les salaires payés aux diverses catégories d'ouvriers dans les conditions de vente du charbon ci-dessus indiquées, on décide que toutes les fois que le prix de vente augmentera de deux pence, par exemple, les salaires augmenteront de 1,25 % etc. ; et ainsi de suite, soit en diminuant soit en augmentant. Tel est dans son principe le système de l'échelle mobile.

C'est un moyen assez pratique, et en même temps assez souple, pour régler automatiquement le taux des salaires et, quand il s'agit d'un produit simple, comme la houille, l'acier ou la fonte, il peut rendre des services. Il nécessite toujours la création d'une commission permanente mixte chargée de déterminer, aux époques fixées par la convention, quel a été le prix moyen de vente dans la période écoulée et quel sera, pour la période commençante, le taux des salaires applicable.

L'échelle mobile, si elle arrive à fixer mécaniquement, pour ainsi dire, le taux des salaires, par une marche parallèle de ces salaires avec les prix de vente, ne tarit pas les causes de conflits : les conditions du travail, la police des ateliers et des chantiers etc. fournissent toujours leur contingent de réclamations et on conçoit aisément que très souvent les conseils corporatifs de conciliation et d'arbitrage existent concurremment avec les échelles mobiles.

On trouvera dans la publication de l'Office du travail français sur la conciliation et l'arbitrage (Paris, 1893) des détails nombreux sur la plupart des conseils corporatifs qui fonctionnaient en Angleterre à cette époque dans la métallurgie, les mines de houille et dans quelques autres industries ; l'organisation est presque toujours semblable et ne saurait, du reste, varier beaucoup.

Voici par exemple l'analyse rapide des statuts du Conseil de conciliation et d'arbitrage de Londres pour l'industrie de la chaussure. C'est une industrie où les conseils corporatifs sont très nombreux (quinze en 1895) et qui possède même un conseil national constitué par la Fédération des fabricants et l'Union nationale des ouvriers en chaussure. Le conseil est composé de quatorze membres (7 patrons et 7 ouvriers) élus pour un an ; il se réunit une fois au moins par trimestre et, lors de sa première réunion, il désigne son bureau et quatre de ses membres qui forment un comité d'enquête, dont la mission est de faire un premier examen des litiges soumis au conseil.

La procédure suivie en cas de conflit est la suivante : d'abord réclamation au patron, puis démarche du représentant de l'union ouvrière auprès du même patron et, seulement après un double refus, recours aux bons offices du conseil. Si l'accord n'a pas pu se faire, on a recours à un arbitrage, qui est confié à deux arbitres choisis par les intéressés et qui désignent eux-mêmes le tiers-arbitre. Enfin il est déclaré (art. 15) « qu'il n'y aura pas de suspension de travail, ni du fait des patrons ni du fait des ouvriers, le conseil ayant surtout pour but de prévenir cette éventualité ». Au cas où le travail aurait été interrompu, le conseil peut se refuser à examiner l'affaire jusqu'à ce qu'il ait été repris. Du reste les ouvriers n'ont pas à craindre de souffrir des retards apportés à la décision, car celle-ci pourra être déclarée applicable à partir du jour de la plainte.

Les conseils corporatifs sont, de beaucoup, les plus nombreux en Angleterre. De 1894 à 1897 il y en a eu une moyenne de 60 à 70 en exercice, examinant annuellement plus de 1500 affaires.

## Conseils de district.

Ceux-ci sont d'institution plus récente; il en existe de 20 à 25. Leur création est due à l'initiative des chambres de commerce; leur compétence n'est pas limitée à une seule industrie. Ils ne semblent pas avoir donné tous les résultats qu'on en avait espérés. Les plus connus, les seuls qui fassent parvenir le compte-rendu de leurs opérations au *Labour department*, sont ceux de Londres, Halifax, Liverpool et Aberdeen. Nous prendrons comme exemple, pour donner une idée de l'institution, le conseil de conciliation de Londres fondé en 1890.

La grande grève des travailleurs des docks de

Londres en août et septembre 1889, grève terminée grâce à l'intervention du cardinal Manning, fut la circonstance déterminante de l'initiative prise par la Chambre de commerce de Londres.

On venait de constater combien les grandes grèves sont ruineuses pour l'industrie et le commerce d'une ville comme Londres. « La paralysie du commerce général, écrit M. Boulton, président de la Chambre de commerce de Londres, fut portée à un point tel qu'à peine aurait-elle pu être plus grande si une flotte ennemie avait pris possession de l'embouchure de la Tamise. » On songea donc à créer une organition qui pût dans l'avenir empêcher le retour de conflits aussi graves et aussi prolongés. On constitua d'abord une commission, comprenant les personnages les plus qualifiés de l'Angleterre, qui fit une enquête, consulta les chefs des grandes industries, les présidents des *trade-unions* et les personnes dont l'opinion faisait autorité en matière d'économie sociale et élabora un projet qui fut adopté. En voici les dispositions essentielles.

Tout d'abord le conseil nouveau ne prétend pas remplacer les conseils corporatifs; au contraire il a pour but de leur venir en aide en organisant une nouvelle tentative de conciliation quand celle tentée devant le conseil corporatif n'a pas réussi.

La Chambre de commerce de Londres met à la disposition des conseils corporatifs affiliés à son organisation ses locaux et son secrétariat, offrant ainsi aux intéressés un terrain neutre où ils pourront se rencontrer et discuter librement, seuls ou en présence, s'ils le désirent, d'un ou plusieurs membres du conseil central. Celui-ci, en cas d'échec de cette première tentative, « invitera les parties à exposer leur affaire devant le conseil, pour en recevoir avis, médiation ou assistance. Si elles le préfèrent, le Conseil les assistera dans le choix d'arbitres auxquels finalement l'affaire serait soumise pour en décider ».

Le conseil de conciliation de Londres espère atteindre le but de son institution, qui est de « chercher les moyens de régler à l'amiable les conflits du travail et de prévenir d'une manière générale les grèves et les lock-outs », en s'attirant la confiance des intéressés par les garanties morales que leur présente sa composition et par la compétence technique qu'ils sont assurés d'y trouver.

Pour remplir ce second objet « le Conseil réunit les informations sur les salaires et les autres conditions du travail appliquées dans les villes où s'exercent des industries similaires à celles de Londres, par rapport à la concurrence qui peut exister entre Londres et les autres villes du Royaume-Uni ou même de l'étranger ». Ces renseignements sont mis à la disposition du Conseil et constituent assurément un élément intéressant pour l'appréciation des difficultés à examiner.

Quant au Conseil lui-même, sa composition est la suivante : 1° Douze membres représentant le capital ou les employeurs, élus par le conseil de la Chambre de commerce. 2° Douze membres représentant le travail, élus par les ouvriers. 3° Des représentants des Comités corporatifs désignés par eux, à raison de deux représentants (un patron et un ouvrier) pour mille adhérents au Comité corporatif. 4° Le Lord-maire de Londres et le Président du Conseil de comté — ou deux personnes désignées par eux — et, du côté ouvrier, deux représentants des associations ouvrières de Londres désignés par les membres ouvriers du Conseil.

L'action du Conseil de conciliation de Londres n'est pas ce que ses fondateurs auraient pu espérer. Les rapports annuels sur son fonctionnement nous montrent qu'il n'est pas fait appel bien souvent à ses bons offices. En 1895 il est intervenu dans 9 conflits et a pu en terminer 3 (2 par la conciliation et 1 par l'arbitrage). En 1894 le Conseil a examiné aussi 9 conflits et il a pu en terminer 4 (3 par la conciliation et 1 par l'arbitrage). Le nombre des associations ouvrières ayant pris part aux opérations pour la constitution du Conseil était en 1890 de 47; il n'était plus que de 37 en 1895. Assurément l'initiative prise par la Chambre de commerce de Londres — initiative qui a déterminé de 20 à 25 chambres de commerce à prendre des mesures analogues — est digne d'attention et les résultats obtenus ne sont pas à dédaigner; néanmoins on peut dire que l'institution la plus efficace pour prévenir les grèves, en Angleterre, est encore celle des Conseils corporatifs permanents.

## La loi du 7 août 1896.

Toutes les institutions que nous venons d'étudier se sont formées spontanément, par l'action des intéressés, sans aucune contrainte et même sans aucune sollicitation de la loi. Était-il opportun de changer de système et, suivant l'exemple de la plupart des autres nations, de compléter par des institutions officielles ce réseau déjà important d'organes destinés à diminuer la durée et le nombre des conflits du travail? La grande commission royale extra-parlementaire du travail, qui termina ses travaux en 1894, s'explique très nettement sur ce point. « Elle ne croit pas que l'État puisse intervenir avec une compétence suffisante pour établir par la loi des conseils de conciliation et d'arbitrage. Il suffit de laisser s'accroître le nombre des conseils créés par l'initiative privée; mais le moment n'est pas venu de les investir de pouvoirs légaux et il serait plus nuisible qu'utile de leur créer des rivaux dans des conseils investis d'un caractère plus ou moins officiel. Cependant l'État peut intervenir utilement en recueillant et répandant tous les renseignements nécessaires sur ces institutions. »

La loi du 7 août 1896, que nous allons analyser maintenant, constitue toute la législation anglaise sur la question de la conciliation et de l'arbitrage — puisqu'elle a abrogé expressément les lois antérieures de 1824, 1867, 1872; nous allons voir qu'elle s'est inspirée des idées émises par la Commission royale du travail.

Elle s'occupe de régler trois points : enregistrement facultatif des Conseils privés de conciliation au *Board of trade;* initiative du *Board of trade* en cas de conflit déclaré ou imminent; moyens à prendre pour provoquer la création par les intéressés de Conseils de conciliation dans les districts et dans les industries où ils paraissent nécessaires.

L'enregistrement des Conseils « établis avant ou après l'adoption de la présente loi » est, avons-nous dit, facultatif. Il ne procure aucun avantage et est recommandé surtout dans le but d'établir une statistique régulière. Les conseils enregistrés auront donc à fournir un rapport annuel et quelques autres renseignements, mais, au surplus, on ne gênera en rien leur fonctionnement normal : « la procédure de conciliation devant un conseil enregistré sera conduite d'après les règlements du Conseil sur ce sujet ».

La seconde partie de la loi permet au *Board of trade* « en cas de différend déclaré ou imminent entre un employeur ou une catégorie d'employeurs et des ouvriers, ou entre différentes catégories d'ouvriers » de prendre une des quatre mesures suivantes : faire une enquête; organiser une entrevue entre les parties adverses ; nommer une ou plusieurs personnes pour agir comme conciliateur ou conseil de conciliation (seulement dans le cas où une des parties intéressées en aurait fait la demande); sur la demande des deux parties, nommer un arbitre.

Aucune forme spéciale n'est du reste imposée pour cet arbitrage; on pourra soit suivre les formes prescrites par une loi de 1889 pour les procédures d'arbitrage en général, « soit s'en référer au règlement de quelque conseil de conciliation ou à d'autres règlements, selon ce qui aura été décidé d'un commun accord par les parties litigantes ».

On apprécie assurément l'esprit libéral de cette législation : pas de contrainte, pas de mesures tracassières, pas de dispositions tendant à donner aux organisations existantes ou à créer une réglementation uniforme, ou à les mettre plus ou moins sous la tutelle ou la surveillance du gouvernement.

Quand le *Board of trade* jugera utile de constituer des conseils de conciliation ou d'arbitrage dans un district ou dans une industrie donnés, on n'agira pas avec moins de discrétion. Le *Board of trade* désignera des commissaires pour faire une enquête, conférer avec les employeurs et les ouvriers, les autorités et les associations locales afin de discuter sur l'opportunité de l'établissement d'un conseil de conciliation pour le district ou une industrie déterminée.

On ne pouvait naturellement pas s'attendre à ce que l'intervention du *Board of trade* fournît un contingent considérable dans le nombre total des conflits résolus amiablement ; les véritables organes de la conciliation sont les conseils corporatifs et la loi de 1896, bien loin de vouloir se substituer à eux, entendait seulement compléter leur action. Nous ignorons le nombre des conseils de conciliation et d'arbitrage qui se sont fait « enregistrer », de même que le nombre de ceux dont la création est due à l'initiative du *Board of trade;* quant à l'action directe du *Board of trade* dans les conflits du travail, la statistique nous fournit les chiffres suivants pour la période qui va de la promulgation de la loi au 30 juin 1901 : nombre total des conflits réglés depuis l'origine : 113. Le *Board of trade* est intervenu de sa propre initiative dans 9 cas ; dans 16 cas il a été saisi par les patrons ; dans 46 par les ouvriers et dans 48 par les deux parties.

## Résultats généraux.

Le nombre des conflits déclarés dont la solution est obtenue par la voie de la conciliation ou de l'arbitrage est très restreint en Angleterre. Il ne faut pas perdre de vue que le plus grand nombre des conseils permanents posent en principe qu'ils ne s'occupent pas des réclamations des ouvriers en grève. Ils n'ont terminé, d'après un rapport publié en 1903 par l'Office du Travail français, que 5,3 % du total des conflits, correspondant à 10,5 % du total des grévistes, tandis que la médiation ou l'arbitrage de personnes étrangères au conflit a terminé plus de la moitié des grèves signalées par la statistique.

Mais il faudrait bien se garder de conclure de là que les Conseils n'ont eu sur le maintien de la paix sociale qu'une influence médiocre. Bien au contraire, et les chiffres suivants en feront foi. En 1894, 41 Conseils de corporation ont examiné 1707 affaires; ils en ont concilié 1121 et arbitré 221; 365 réclamations ont été retirées en cours de discussion. En 1895, 68 Conseils saisis de 1282 affaires en ont concilié 831 et arbitré 158; 293 étaient retirées en cours de discussion. En 1896, nous trouvons 83 Conseils avec 1456 litiges; 613 sont conciliés, 205 arbitrés et 582 retirés par les intéressés. En 1897, 1465 affaires sont soumises à 67 Conseils qui parviennent à en concilier 623, à en arbitrer 180 pendant que 603 sont retirées. Enfin, en 1903 nous trouvons 73 conseils avec 1633 affaires sur lesquelles 506 sont conciliées, 282 arbitrées et 785 retirées par les intéressés[1].

Si on fait le total des affaires examinées par les conseils anglais de conciliation et d'arbitrage pen-

1. Depuis 1896, la statistique signale les conflits qui, soumis à un Conseil de conciliation et d'arbitrage, n'ont pas encore reçu de solution au 31 décembre. Le nombre de ces affaires non terminées a été en 1896 de 56; de 53 en 1897 et de 60 en 1903. Voyez le *Bulletin de l'Office du travail*, année 1903, p. 232 et année 1904, p. 627.

dant la période de 8 ans qui va de 1894 à 1901, on trouve qu'ils ont étudié 11.083 affaires et qu'ils ont pu en régler 6694, soit une proportion de 60,4 % (46, 8 % pour la conciliation et 14,6 % pour l'arbitrage). C'est là assurément un résultat des plus brillants et nous pouvons nous associer sans réserves à ce jugement, qui termine la statistique des grèves en Angleterre pour l'année 1899 (Bulletin de l'office du travail 1901, p. 660) : « Le classement des résultats fait ressortir le petit nombre de grèves terminées par la conciliation et l'arbitrage. Il ne faudrait pas en conclure à l'inutilité des méthodes de conciliation et d'arbitrage, mais il faut comprendre que ces méthodes sont surtout efficaces pour prévenir les grèves plutôt que pour les terminer. Si, en effet, on se reporte à la récente publication du *Labour department* sur les variations du salaire en 1899, on constate que 47 % des changements de l'année, en tant que mesurés par le nombre des bénéficiaires, ont été réglés par des commissions de salaires, échelles mobiles ou diverses méthodes de conciliation et d'arbitrage, tandis que seulement 3 % de ces changements ont suivi des grèves. »

## CHAPITRE II

### ÉTATS-UNIS D'AMÉRIQUE

*Coup d'œil d'ensemble.* — Législation fédérale. — Conseils locaux permanents. — Conseils temporaires. — Médiation des commissaires de l'agriculture et du travail. — *Conseils officiels permanents de conciliation et d'arbitrage.* — Conseil de l'État de Massachussets. — Conseil de l'État de New-York. — *Institutions non officielles.* — La grande commission mixte d'arbitrage. — Commission mixte de l'industrie du bâtiment à Chicago. — Conseil mixte de l'anthracite. — Convention de Chicago entre l'Association nationale de l'industrie métallurgique et l'Association internationale des ouvriers mécaniciens. — Convention entre l'Association américaine des directeurs de journaux et l'Union nationale typographique. — Convention entre l'Association des houillères de l'Illinois et les Mineurs unis d'Amérique.

La législation ouvrière est très développée aux États-Unis. Un « état », publié en décembre 1903 par le Bulletin du Bureau du travail de l'État de New-York, nous renseigne sur l'ensemble de la législation à cette date. Sur les 45 États qui composent l'Union, 33 possédaient des offices du travail, 24 un service d'inspection des fabriques ou des mines, 16 des bureaux officiels d'arbitrage, 12 une législation destinée à combattre le *sweating-system* et 24 des lois interdisant le *truck-system;* 27 avaient légiféré sur la responsabilité des patrons en cas d'accidents. Le travail des femmes était réglementé dans 27 États et aussi celui des enfants (dans 34 États pour les fabriques et dans 26 pour les mines). Enfin, 14 États possédaient des bureaux de placement gratuits et 22 avaient introduit la journée de huit heures pour les travaux exécutés pour leur compte.

En ce qui concerne les institutions de conciliation et d'arbitrage, d'autres rapports officiels analysés dans le *Bulletin de l'Office du travail de 1903*, nous apportent des renseignements à l'aide desquels nous allons pouvoir jeter un coup d'œil d'ensemble sur les divers systèmes de conciliation et d'arbitrage usités aux États-Unis. Nous réserverons, pour en faire une étude moins sommaire les Conseils officiels créés en 1886 dans les États de New-York et de Massachussets, et imités depuis dans 14 États. Enfin nous parlerons de quelques conventions privées d'arbitrage particulièrement dignes d'intérêt.

## Coup d'œil d'ensemble.

Le droit de faire des lois pour faciliter le règlement des conflits entre le capital et le travail appartient, aux États-Unis, à chacun des États de l'Union. Pourtant, les conflits qui peuvent éclater dans les entreprises de transport intéressent la Fédération plutôt qu'aucun État en particulier et, dans cette matière, on a eu recours à une *législation fédérale*.

Une loi du 1er octobre 1888 se bornait à inviter les parties en litige, quand surgissait un différend dans une compagnie de chemin de fer ou toute autre compagnie de transport, intéressant les rapports des États entre eux, et leurs employés, à recourir à l'arbitrage. Il était nécessaire que les deux parties consentissent à cet arbitrage. Le président de la République pouvait seulement, s'il le jugeait opportun, nommer une commission de trois membres chargée de faire une enquête. Au moment de la grande grève de Chicago, l'opinion publique réclama le vote de mesures plus efficaces et le congrès vota la loi du 1er juillet 1898.

Le trait caractéristique de cette loi est qu'elle laisse les intéressés libres de recourir à l'arbitrage mais aussi qu'elle prend tous les moyens pour que la sentence rendue soit exécutée. Toutes les fois qu'un conflit éclate dans une compagnie de transport desservant au moins deux États, si l'une des parties intéressées le demande, le président de la Commission interfédérale du commerce et le Commissaire du travail doivent offrir leur médiation pour tenter d'arriver à un accord. En cas d'échec, ils doivent tenter de faire accepter l'arbitrage. La convention par laquelle les deux parties acceptent de recourir à l'arbitrage doit être rédigée par écrit et contenir un certain nombre de promesses, notamment celle de se soumettre à la sentence arbitrale. Celle-ci sera valable pour un an et, pendant ce temps, il ne pourra pas y avoir de nouvel arbitrage entre le même patron et la même catégorie d'ouvriers. Les parties doivent aussi promettre que l'état de choses existant au moment de la convention d'arbitrage sera maintenu jusqu'à la sentence et que, la sentence rendue, les ouvriers mécontents ne pourront quitter le travail avant trois mois, et encore, en donnant avis au patron, par écrit, 30 jours à l'avance. Le patron mécontent sera soumis à l'observation des mêmes délais pour le renvoi de ses ouvriers.

Un autre trait caractéristique de cette loi c'est qu'elle reconnaît aux associations professionnelles la capacité de traiter au nom de leurs adhérents. Ainsi, pour constituer le conseil d'arbitrage, le premier arbitre est choisi par le patron et le second est désigné par l'association ouvrière à laquelle appartiennent les ouvriers intéressés; et s'ils n'appartiennent pour la plupart à aucune association, ces ouvriers isolés devront nommer un comité avec la mission de désigner le second arbitre. Le troisième arbitre sera désigné par les deux premiers. Ce sont si bien les associations qui représentent les ouvriers dans l'arbitrage que pour que la sentence rendue soit applicable à des ouvriers isolés, ceux-ci doivent y adhérer par écrit.

*Conseils officiels permanents de conciliation et d'arbitrage.* — Nous nous proposons de parler avec quelques détails de ces conseils qui constituent l'œuvre caractéristique du législateur américain et dont les deux principaux fonctionnent depuis 1886.

*Conseils locaux permanents.* — Ces conseils ont été organisés dans deux États : Kansas et Iowa, ou, du moins, les lois de ces deux États permettent aux tribunaux ordinaires, sur la demande d'un certain nombre de patrons ou d'ouvriers, d'organiser des tribunaux d'arbitrage composés de deux patrons et de deux ouvriers et d'un tiers-arbitre. Nous ne pensons pas que cette législation ait produit aucun résultat. M. Willoughby, statisticien au Département du travail à Washington, écrit, en effet : « les parties intéressées n'ont fait usage que rarement, peut-être même jamais, des dispositions légales, dans les États où des conseils permanents ne sont pas régulièrement organisés ».

*Conseils temporaires.* — Trois États ont recours à ce système. Au Texas (loi de 1895) les parties, sans quitter le travail, peuvent soumettre leur différend à une commission de 5 membres, qui rend une sentence obligatoire pour un an et se sépare ensuite. Dans l'État de Maryland (loi du 1er avril 1878) les parties en conflit peuvent demander l'arbitrage du juge de paix et lui adjoindre deux ou quatre personnes (patrons et ouvriers). La sentence rendue est obligatoire. Dans l'État de Pennsylvanie une loi du 18 mai 1893 a abrogé une loi de 1883 qui instituait des conseils permanents. C'est, à notre connaissance, le seul exemple d'une loi remplaçant des institutions permanentes par des conseils temporaires. Le système nouveau est assez compliqué. Les parties intéressées ou l'une d'elles s'adressent à la cour des plaids qui est chargée d'organiser le tribunal arbitral; elle nomme trois arbitres, chacune des parties en nomme également trois et le conseil ainsi constitué rend une sentence exécutoire. Nous négligeons les détails d'organisation. Les résultats obtenus semblent, du reste, avoir été médiocres et, lors des grandes grèves de 1902-1903, l'initiative de l'organisation d'un arbitrage a dû être prise par M. Roosevelt, président de la République.

*Médiation du commissaire de l'agriculture et du travail.* — Ce système a été organisé dans le Dakota-Nord par une loi de 1890; le commissaire de l'agriculture et du travail est tenu de s'entremettre comme médiateur dans tout conflit entre un patron occupant 25 ouvriers et ses ouvriers, si le patron ou 15 ouvriers en font la demande. Une loi semblable existe dans l'État de Missouri.

*Législation du Wyoming.* — L'article 28 de la constitution de cet État oblige le législateur à « établir des conseils d'arbitrage, chargés de régler les conflits survenus entre des ouvriers syndiqués et des patrons; la cour suprême recevra les appels interjetés contre les décisions de ces conseils d'arbitrage obligatoires ». Une loi du 16 février 1901 a chargé une commission d'examiner s'il y a lieu de créer ces conseils et d'édicter à cet égard de nouvelles dispositions légales. Nous n'avons pas trouvé la trace de la constitution de ces conseils.

## Les conseils officiels permanents de conciliation et d'arbitrage.

Ces conseils qui ont juridiction sur le territoire de tout l'État qui les a constitués, qui sont permanents et composés de trois à cinq membres, constituent le type de conseils de conciliation et d'arbitrage particulier aux États-Unis. Au mois de janvier 1902, il en existait dix-sept présentant bien entendu quelques différences d'organisation, mais peu importantes, et constituant bien un type spécial.

Nous ne pouvons songer à étudier ces différents conseils ; les différences de détail ne doivent pas nous arrêter et nous voulons nous borner à donner une idée précise du système en faisant connaître les dispositions des lois qui ont organisé les conseils des

États de New-York et de Massachussets, créés l'un et l'autre en 1886 et comptant, par conséquent, dix-huit ans d'existence.

Le conseil officiel de l'État de Massachussets a été organisé par la loi du 2 juin 1886 et cette loi a été amendée plusieurs fois en 1887, 1888, 1890, 1892, 1902. Pour donner une idée générale de l'institution, il nous suffira de dire que le conseil est formé de trois juges ou arbitres, nommés par le gouverneur de l'État et choisis, le premier parmi les patrons, le second parmi les ouvriers et le troisième proposé au choix du gouverneur par les deux autres. La durée du mandat est de trois ans et le roulement assure le remplacement de l'un des membres du conseil tous les ans. Les fonctions sont rétribuées par l'État et chaque membre reçoit un traitement de 2.000 dollars par an. Le conseil règle lui-même, sauf approbation du gouverneur, la procédure qui sera suivie devant lui. Il est saisi par une demande écrite précisant les points en débat et contenant l'engagement de continuer le travail sans grève ni lock-out jusqu'à la fin de la procédure. Le conseil se transporte aussitôt dans la localité où a surgi le différend et procède à une enquête. La sentence est rendue à la suite de cette enquête et elle est obligatoire pendant six mois en principe. Tout au moins, celle des parties qui entend n'être plus liée par la sentence rendue doit-elle notifier à l'autre son intention soixante jours à l'avance.

L'arbitrage du conseil n'est donc pas obligatoire et le seul droit qu'il possède quand il est informé — par exemple par le maire que la loi oblige à faire cette déclaration — qu'un conflit est imminent ou qu'il vient d'éclater, est de faire une enquête, dont il publiera les résultats, et de faire des démarches pour amener les parties intéressées à l'idée d'un arbitrage. Notons que le conseil officiel n'est pas la seule juridiction à laquelle les intéressés puissent avoir recours et que la loi les autorise expressément à constituer des conseils locaux dans des conditions qu'elle détermine. Pendant les sept premières années de son fonctionnement le conseil de Massachussets (1887-1893) a examiné 222 affaires; il est intervenu d'office 92 fois. En 1894 le rapport signale 39 affaires; 32 en 1895; 29 en 1896, etc.

Les rapports annuels signalent aussi un certain nombre de conflits soumis spontanément par les intéressés à des conseils corporatifs organisés par eux; ils font également remarquer « que l'influence du conseil se constate, non pas seulement par le nombre des conflits qu'il est appelé à résoudre, mais surtout par la disposition fréquemment insérée dans les conventions faites entre patrons et ouvriers, qui porte que les différends futurs seront soumis, avant toute cessation de travail, au Conseil officiel de conciliation et d'arbitrage ».

Le conseil de Massachussets semble, en effet, avoir obtenu de bons résultats; celui de New-York a eu moins de succès.

Il a été fondé en 1886 (loi du 18 mai, amendée en 1887, 1897 et 1901) et il n'était d'abord qu'un tribunal d'appel; il était composé, d'une façon assez étrange, de trois arbitres choisis par le gouverneur : le premier dans le parti qui avait donné le plus grand nombre de voix au gouverneur de l'État; le second dans le parti qui avait obtenu le second rang dans ces mêmes élections et le troisième dans une organisation ouvrière de l'État. Quant au tribunal arbitral du premier degré, il était purement temporaire et composé de cinq arbitres nommés : les deux premiers par les patrons, les deux autres par les ouvriers et le dernier par les quatre premiers. La loi du 10 mars 1887 réorganisa le conseil officiel d'arbitrage suivant un type à peu près identique à celui de Massachussets. Les trois arbitres peuvent être choisis « parmi les personnes compétentes » sans s'occuper du parti politique auquel elles appartiennent. Le conseil peut désormais être saisi directement; il procède alors à une enquête sur place, fait promettre aux parties de ne faire ni grève ni lock-out jusqu'à la fin de la procédure et rend une sentence dont un exemplaire est remis à chacune des parties. Quand le conseil a connaissance d'une menace de grève ou d'un conflit déclaré, il peut aussi proposer sa médiation ou faire une enquête, comme le conseil de Massachussets. Enfin les conseils nommés directement par les parties ne se composent plus que de trois arbitres. On voit que la législation des deux États, qui ont inauguré le système des conseils officiels d'arbitrage, a fini par devenir à peu près identique. Le Conseil officiel de l'État de New-York ne semble pas avoir obtenu de bons résultats. Pendant les quatre premières années de son existence, il a examiné 76 conflits, mais il n'a pu amener que 22 conciliations et il n'a rendu que six sentences arbitrales. Le cinquième rapport annuel (1891) est moins bon encore : sur 500 grèves environ, le conseil n'a pas été saisi une seule fois d'une demande régulière d'arbitrage; il est intervenu dix fois, mais il n'a pu mettre fin qu'à un seul conflit. En 1892, sur 400 grèves environ, le conseil est intervenu ou a été sollicité d'intervenir onze fois et il a pu mettre fin à cinq grèves. Il en a terminé six sur 220, en 1893. En 1894 (425 grèves) le conseil a été saisi une fois d'une demande régulière d'arbitrage; il est intervenu seize fois et a pu ainsi éviter une grève. En 1895, sur 417 grèves, le conseil n'a pas été saisi une seule fois régulièrement, mais il est intervenu vingt-quatre fois et il a pu mettre fin à quatre grèves. Enfin, pour ne pas multiplier les chiffres, le dixième rapport annuel (1896) signale 246 grèves dont quatre seulement ont pu être terminées par la médiation du conseil.

En résumé, les conseils officiels de conciliation et d'arbitrage des États-Unis sont de véritables tribunaux, permanents, composés de juges nommés et appointés par le gouvernement, possédant les mêmes pouvoirs que les tribunaux ordinaires pour entendre des témoignages, faire des expertises et des enquêtes. Ce sont des tribunaux comparables aux autres et qui ont seulement une compétence spécialisée aux conflits du travail. Une telle conception n'a assurément rien d'absurde en soi, et l'expérience méritait d'être tentée. Il ne semble pas qu'elle ait donné de bons résultats. Le commissaire du bureau des statistiques ouvrières de l'État de Californie écrivait dans son rapport biennal 1901-1902 : « Si l'on examine ce qu'a donné la législation sur l'arbitrage pour le règlement pratique des conflits ouvriers et la suppression des grèves et des lock-outs, on ne peut guère dire que les résultats soient brillants actuellement ni prédire qu'ils seront plus féconds dans l'avenir. Dans beaucoup de cas les lois votées sont restées lettre morte et comme ignorées, dans d'autres l'essai pratique qu'on en a fait pour le règlement des conflits industriels a été incomplet et inefficace. Il faut bien reconnaître que les salariés aux États-Unis sont presque unanimement hostiles à l'arbitrage obligatoire et généralement tout à fait indifférents à l'arbitrage volontaire. »

## Institutions non officielles.

La publication consacrée, en 1893, par l'Office du travail français à la conciliation et à l'arbitrage, contient d'importants documents relatifs aux États-Unis et on y trouvera l'histoire d'un certain nombre de conseils de conciliation et d'arbitrage fondés par l'initiative privée et donnant de bons résultats. Nous n'en parlerons pas, mais nous citerons, parmi les exemplesplus récents, quelques-uns de ceux qui nous paraissent dignes de retenir l'attention.

Les Américains, dit-on, ont un peu l'amour-propre de toujours faire plus grand que les autres peuples. C'est peut-être à ce sentiment qu'ont cédé les membres du grand congrès du travail qui s'est réuni à New-York en décembre 1902. Organisé par la *National civil federation*, qui ne représente pas moins d'un capital de cinq milliards de francs par ses membres adhérents, le congrès a décidé la création d'une grande commission mixte d'arbitrage, de trente-six membres, absolument libre de toute attache officielle. Cette commission comprend douze membres patrons représentant la grande industrie, douze membres représentant les travailleurs syndiqués et douze personnes éminentes et qualifiées n'appartenant pas à l'industrie, parmi lesquelles figurent au premier rang l'ex-président Cleveland et Mgr Ireland, archevêque catholique de Saint-Paul. Il s'agit là en réalité d'un bureau national de conciliation. Il compte sur la notoriété universelle de ses membres pour attirer la confiance des industriels en conflit et le mettre à même de leur rendre service, en recourant à ses bons offices. Nous craignons bien que cette conception ne pèche par excès, et qu'une organisation aussi vaste ne soit que bien rarement en état de rendre les services qu'on en attend. Pourtant il n'est pas impossible que dans certaines grèves très vastes, en quelque sorte interfédérales, cette organisation nationale puisse rendre des services. Nous ne connaissons encore aucun cas où les bons offices de la commission aient été réclamés ou acceptés.

Les luttes du capital et du travail prennent en Amérique une gravité encore inconnue à nos vieux pays d'Europe, soit comme durée soit comme nombre d'intéressés. Mentionnons, par exemple, la grève Pullmann et la grève des chemins de fer qui, en 1894, amena à Chicago des émeutes sanglantes et détermina le vote de la loi fédérale sur l'arbitrage en matière de transports, dont nous avons parlé plus haut. La grande grève du bâtiment à Chicago durait depuis plus d'un an quand, en 1901, elle se termina par un accord. Un conseil d'arbitrage fut alors créé; il est composé d'un nombre égal de membres patrons et de membres ouvriers et il est promis qu'à l'avenir tous les différends lui seront soumis, sans cessation de travail. Pour conserver à ce conseil son caractère essentiellement professionnel, il est expressément stipulé que nul ne peut en être membre s'il ne participe effectivement, comme maître ou comme ouvrier, à l'exercice du métier. Si un membre du conseil accepte des fonctions publiques il doit être remplacé. Au cas où il y aurait partage d'opinion entre les membres du conseil, on soumet le différend à un arbitre suprême, choisi en dehors de l'industrie, qui prononce une sentence définitive, dont on a cherché à assurer l'exécution par diverses mesures.

C'est généralement après les grandes grèves, et sous l'impression fraîche encore des ruines qu'elles accumulent, que les Américains songent à organiser des conseils de conciliation et d'arbitrage pour en prévenir le retour. Ainsi en a-t-il été pour la grande grève de l'anthracite en Pennsylvanie (1902). Le rapport de la commission d'arbitrage nommée par le président Roosevelt, déposé le 16 octobre 1902 après une enquête de cinq mois, nous fait connaître les dispositions arrêtées pour régler à l'avenir, sans recourir à la grève, les difficultés qui pourront se produire. Pour organiser le conseil on a divisé la région minière en trois districts ; dans chaque district a été constituée une association ouvrière chargée de choisir un délégué ouvrier au conseil. Les trois délégués ainsi nommés se rencontrent avec les trois délégués patrons et forment le conseil d'arbitrage. En cas de partage, un tiers-arbitre est nommé ; la sentence rendue est obligatoire ; il est promis que tant qu'une affaire sera soumise au conseil, le travail ne sera pas interrompu.

La Convention qui mit fin à la grande grève des mécaniciens en 1900, connue sous le nom de *Conven-*

*tion de Chicago* et intervenue entre l'*Association nationale de l'industrie métallurgique* (patrons) et l'*Association internationale des ouvriers mécaniciens,* mérite aussi d'être signalée. Le premier point à remarquer est que, dans cette Convention, ce sont deux associations qui traitent et comme un des motifs de la grève — le principal motif même — était la reconnaissance par les patrons de l'association ouvrière, le fait de ce traité intervenant entre les deux associations est caractéristique. La Convention de Chicago, signée par les commissaires le 17 mars 1900, fut ratifiée par les deux associations le 31 mars et le conseil mixte, dans sa première réunion, tenue à New-York du 10 au 18 mai, élabora un véritable code des conditions du travail dans l'industrie en cause.

Il est intéressant de signaler les points suivants : les commissaires répondent de l'acceptation par les membres des associations qu'ils représentent des conditions fixées par le conseil et ils prennent l'engagement, au cas où l'un des membres se refuserait à les accepter, de déférer ce membre à l'association pour qu'il soit puni de peines disciplinaires, suspendu ou expulsé, suivant la gravité du cas. Les ouvriers, il faut le reconnaître, font preuve de sagesse; ainsi, il est entendu « que tout ouvrier sera libre d'appartenir à une trade-union si cela lui convient et que tout patron sera libre d'employer un ouvrier, qu'il appartienne ou non à une trade-union ». Donc, pas de tyrannie syndicale, pas de pression sur le patron pour le contraindre à n'employer que des ouvriers syndiqués; il reste libre de faire l'embauche selon les besoins de son industrie et on le proclame encore : « le patron est juge de la question de capacité; comme il est responsable du travail qui lui est livré par ses ouvriers, il doit par conséquent avoir pleine liberté de choisir les hommes qu'il juge compétents pour l'exécuter et de fixer les conditions dans lesquelles il sera exécuté ». L'autorité légitime du patron n'est pas battue en brèche. Quand il s'agit de réglementer l'application du principe posé par la Convention de Chicago, disant que les conflits doivent être soumis à une commission mixte sans cessation du travail, on proclame que tout conflit doit d'abord être soumis au patron intéressé et que c'est seulement en cas de désaccord qu'on saisira la commission mixte. Celle-ci est composée, pour chaque association contractante, de son président et de deux autres personnes désignées par lui. La décision rendue est obligatoire et nous avons vu que les délégués des deux associations ont pris l'engagement que les deux associations sauraient en exiger le respect.

L'étude de M. Willoughby à laquelle nous empruntons les intéressants détails qui précèdent, nous fournit encore deux autres exemples de conventions intervenues entre de puissantes associations et ayant pour but de déterminer les conditions du travail dans tout le territoire des États-Unis et d'éviter les grèves, en posant le principe du recours à la conciliation et à l'arbitrage avant toute cessation de travail.

En 1900, l'*Association américaine des directeurs de journaux* (patrons) a traité avec l'*Union nationale typographique* (ouvriers); un conseil mixte d'arbitrage a été créé et il a été décidé que toutes les difficultés survenant entre les adhérents à cette convention, feraient d'abord l'objet d'une tentative de conciliation entre le directeur intéressé et l'Union locale affiliée à l'Union internationale, puis, en cas d'échec, d'une tentative d'arbitrage devant des arbitres choisis par les intéressés et, enfin, d'un recours à l'arbitrage du Conseil national, composé des présidents des deux Associations signataires de la Convention et, au besoin, d'un tiers-arbitre. L'exécution de la sentence rendue est assurée par la garantie formelle des deux associations. « Dans le cas, dit l'article 2, où l'une des parties en conflit refuserait d'accepter ou d'exécuter la sentence du Conseil national d'arbitrage, les deux parties à la présente convention devront retirer toute aide et tout appui à la société, au patron et à l'union locale qui aura manifesté ce refus. Les actes du patron ou de l'union réfractaire seront publiquement désavoués. » Les patrons adhérents à l'Association américaine des directeurs de journaux trouvent aussi une importante garantie de l'exécution des conventions passées avec leur personnel, adhérent à l'Union internationale typographique, dans la clause suivante : « en considération de consentement donné par ledit directeur à l'arbitrage de tous différends qui peuvent s'élever au sujet du contrat existant avec l'Union de X..., l'Union internationale typographique consent à contresigner ledit contrat et à en garantir l'exécution par l'Union de X... »

La Convention passée entre l'Association des houillères de l'Illinois et les Mineurs unis d'Amérique est moins complète que les deux précédentes; elle se borne, en somme, à la création d'une commission mixte qui se réunit annuellement pour déterminer les conditions du travail et qui assure le règlement des conflits qui peuvent s'élever, par une enquête faite sur place et une médiation.

Le trait caractéristique des conventions que nous venons d'examiner est assurément le fait que les associations patronales ont traité directement avec les associations ouvrières, pour régler d'un commun accord les conditions du travail. C'est, pensera-t-on, un acheminement vers l'idée de contrat collectif. Peut-être. Mais pense-t-on, de bonne foi, que quand des associations puissantes et riches d'ouvriers se seront constituées, elles n'auront pas une tendance irrésistible à régler avec les employeurs les conditions et le prix du travail de leurs membres? Le groupement professionnel est un fait social qui ne peut manquer d'influer sur les rapports des patrons et des ouvriers et, sans prononcer ici le mot d'évolution, qui semblerait indiquer une marche générale dans un sens déterminé, il est impossible de ne pas penser que la constitution de fédérations puissantes d'ouvriers ne déterminera pas des changements, plus ou moins profonds selon les pays et les circonstances sociales, dans le mode actuel de traiter le contrat de louage de services.

# CHAPITRE III

## BELGIQUE ET HOLLANDE.

*Belgique.* — Institutions privées de conciliation et d'arbitrage. — Les Chambres d'explication et les Conseils de conciliation et d'arbitrage des Charbonnages de Mariemont et de Bascoup. — Autres institutions privées. — Les Conseils de l'industrie et du travail.
*Hollande.* — Les Chambres du travail. — Résultats.

### Belgique.

La Belgique, pays à population très dense, où un vingtième des habitants doit demander sa subsistance au travail industriel, ne pouvait échapper au malheur des luttes sociales. Au point de vue qui nous occupe, nous devons y étudier d'abord un certain nombre d'organismes, créés par l'initiative privée, et ensuite les Conseils de l'Industrie et du Travail organisés par arrêtés royaux, en vertu de la loi du 16 août 1887.

*Institutions de Conciliation et d'Arbitrage émanant de l'initiative privée.* — Il convient de mentionner au premier rang les Chambres d'explication et les Conseils de conciliation et d'arbitrage qui fonctionnent depuis plus d'un quart de siècle dans les Charbonnages de Mariemont et de Bascoup.

C'est en 1877 que M. Julien Weiler, ingénieur du matériel aux charbonnages de Mariemont et de Bascoup, organisa, dans son service, des Chambres d'explication. De tout temps il s'était préoccupé des graves problèmes que fait naître l'organisation de la grande industrie, et l'année précédente la section d'économie sociale du congrès de Bruxelles ayant mis au concours la question de l'organisation des conseils d'arbitrage en Angleterre, et l'ayant nommé rapporteur de cette question, il conçut et réalisa l'idée d'organiser dans son service quelque chose d'analogue à ce qui fonctionnait si bien en Angleterre.

Il fonda les Chambres d'explication, dont le nom seul indique le but. Chaque groupe d'ouvriers élit un certain nombre de délégués, qui choisissent parmi eux un chef de délégation. Chaque semaine, à tour de rôle, les délégués, d'un groupe se réunissent en présence de tous les agents sous les ordres de qui travaillent les ouvriers de ce groupe. Chaque trimestre les délégués de tous les corps de métier se réunissent sous la présidence du patron ou d'un employé supérieur désigné par lui; chacun reçoit à son tour la parole et tous les griefs, toutes les difficultés qui ont pu se produire pendant le trimestre écoulé, sont présentés librement par les intéressés et, le plus souvent, solutionnés par le patron président ou par son délégué. Car les Chambres d'explication n'ont aucun pouvoir de décision et c'est toujours le patron qui prononce. « Mais, comme le dit M. Julien Weiler, quelle garantie une décision prise dans de semblables conditions ne donne-t-elle pas à ceux qui y sont soumis! » Du moins, de cette façon, aucune réclamation sérieuse ne sera arrêtée au passage — escamotée — par un subalterne, qui en détournerait les ouvriers par la menace.

C'était tout ce qu'on voulait obtenir pour le moment.

Onze ans après, les ouvriers étant accoutumés au fonctionnement des Chambres d'explication, et les circonstances paraissant favorables, on compléta l'œuvre commencée et on créa à Mariemont et à Bascoup deux Conseils d'arbitrage semblables.

Le conseil est composé de six délégués patrons et de six délégués ouvriers, nommés pour deux ans, renouvelables par moitié (art. 11) ; les six délégués patrons, choisis par l'administration par mi les agents gradés, et les six délégués ouvriers désignés par un collège électoral de trente-six ouvriers, élus par leurs camarades pour faire cette désignation (art. 4, 5, 10).

Quand une réclamation n'intéresse qu'un seul groupe d'ouvriers, elle est d'abord soumise à la Chambre d'explication, s'il en existe une dans le service intéressé, ou bien à un bureau de conciliation, qui ne peut trancher le différend que sur la demande des intéressés et, dans tous les cas, sauf appel devant le Conseil (art. 15 et 16). Celui-ci est saisi directement dès qu'il s'agit d'un conflit intéressant plus d'un groupe d'ouvriers (art. 22), mais il ne doit prononcer sa sentence « qu'après avoir épuisé les moyens de conciliation et de transaction » (art. 21). Il vote alors au scrutin public et, comme le président n'a pas voix prépondérante, si un partage vient à se produire on en réfère au Conseil d'administration des mines « qui, dit l'art. 21, avisera aux moyens à prendre pour terminer d'un commun accord le différend ».

Nous sommes donc en présence d'une institution visiblement inspirée par les institutions anglaises analogues, mais ayant sa physionomie propre et se rapprochant, dans tous les cas, beaucoup plus du type Kettle que du type Mundella. C'est, en somme, un conseil d'arbitrage organisé avec le souci de ne jamais prononcer une sentence avant d'avoir épuisé tous les moyens de conciliation.

Tel qu'il est, il convient sans doute au milieu dans lequel il est appelé à fonctionner, car il a donné de bons résultats[1].

Les réunions ne sont pas périodiques et fixées à l'avance à des époques déterminées, mais, en fait, elles ont lieu plus souvent que tous les mois. Les questions dont le Conseil doit s'occuper sont multiples : on travaille au règlement des différends ; on fixe le montant des salaires pour les mois prochains d'après la situation du marché. De 1891 à juillet 1893 le Conseil parvient ainsi à faire accepter aux ouvriers des diminutions successives de salaires atteignant 43 % des prix pratiqués en 1891. Chose curieuse, ces diminutions sont acceptées sans grèves et pourtant on est dans une période de grande fermentation ouvrière : Le 24 avril 1893 l'administration a accordé vacance pour le 1er mai à tous les ouvriers qui le demanderaient. Dans la même séance le président

1. Le Conseil de Bascoup a tenu, en 1888, dix-huit séances et examiné trente-neuf affaires ; en 1889 douze séances avec trente affaires ; en 1890 seize séances et cinquante-sept affaires ; en 1891 treize séances et quarante-sept affaires ; en 1892 douze séances et soixante-treize affaires ; en 1893 treize séances et quarante-deux affaires.

a félicité les ouvriers de leur attitude calme, lors de la grève politique déclarée par le parti ouvrier belge pour obtenir le suffrage universel. Deux grèves ont pourtant éclaté dans l'exploitation au cours de la même année 1893, mais elles ont été tout à fait partielles et n'ont duré que quelques jours. Le président a répondu aux grévistes que toute augmentation de salaire était impossible étant donné l'état du marché et il a pris des mesures pour communiquer aux délégués ouvriers les livres nécessaires à la vérification des prix de vente.

Tous ces détails puisés dans le Rapport de M. Julien Weiler — publié par l'*Office du Travail*, 1894, p. 497 — ne semblent-ils pas nous ramener à un autre âge? Surtout si on réfléchit qu'au même moment la grève générale des mineurs du Pas-de-Calais et du Nord battait son plein.

Il existe en Belgique beaucoup d'autres conseils analogues à ceux que nous venons d'étudier. Ainsi il en a été créé un en décembre 1881 dans la verrerie de Jumet qui avait été le théâtre, cinq ans auparavant, d'une grève terrible, au cours de laquelle l'usine et l'habitation du propriétaire avaient été incendiées (*Bull. Off. du Trav.*, 1894, p. 17). La même année un Conseil analogue est venu compléter dans l'usine de construction mécanique de M. Bollinckx toute une série d'œuvres sociales de prévoyance et d'assurance (*Bull. Off. du Trav.*, 1894, p. 498). L'art. 5 des statuts du Conseil de chantier établi dans les Ardoisières Le Plet, à Alle, définit ainsi les pouvoirs et la mission du Conseil : « délibérer sur toutes les questions qui lui sont soumises régulièrement et qui ont rapport aux relations entre la Société et les ouvriers qu'elle emploie : tarifs, taux des salaires, règlements d'ateliers, redressements d'injustices, etc. En un mot établir entre la société et ses ouvriers des communications de confiance et de franchise et aussi, par des explications réciproques, arriver à dissiper tout malentendu ».

Telle est bien l'idée d'où procèdent les institutions de ce genre créées en assez grand nombre en Belgique par l'initiative privée.

### *Les Conseils de l'Industrie et du Travail.*

(Loi du 16 août 1887)

L'année 1886 fut marquée, en Belgique, par des grèves très nombreuses et très violentes, et c'est sous le coup de l'émotion soulevée par les troubles qui les accompagnèrent que fut votée très rapidement la loi du 16 août 1887. La Chambre se trouvait en présence de trois projets de loi : celui de M. Frère-Orban déposé le 5 mai 1886, et ceux de MM. V. Brants et H. Denis, datant du 29 octobre de la même année [1].

Le projet de M. H. Denis tendait à l'organisation de toute une représentation du travail. Il comportait la création de Bourses du travail dans tous les chefs-lieux de provinces et dans quelques centres importants et la fédération de toutes ces Bourses, qui

1. Le projet de M. V. Brants, élaboré par la Commission du Travail, tendait simplement à la création par arrêté royal, sur la demande des intéressés ou du Conseil Communal — et, en cas de grève, à la demande du bourgmestre ou même sur l'initiative du gouvernement — de conseils de conciliation analogues à ceux qui fonctionnent en Angleterre.

seraient représentées par un Comité central siégeant à Bruxelles et en rapports constants et directs avec le département de l'agriculture, de l'industrie et des travaux publics. Les Bourses du travail — composées d'un nombre égal de délégués, représentant les patrons d'une part et, d'autre part, les ouvriers syndiqués ou non syndiqués, proportionnellement à leur nombre — auraient des attributions multiples. Elles devraient d'abord indiquer aux ouvriers les régions où on manque de main-d'œuvre et aux patrons les lieux où ils pourraient se procurer les ouvriers qui leur seraient nécessaires ; puis ces bourses auraient encore comme mission de renseigner le gouvernement sur les besoins des travailleurs, de dresser une statistique du travail, de donner des renseignements à l'autorité sur toutes les questions concernant l'industrie ; enfin, de provoquer la formation de Conseils de conciliation par les intéressés et, au besoin, d'organiser elles-mêmes un arbitrage à la demande des parties.

C'est par ces dernières attributions seulement que les Bourses du travail du projet de M. Hector Denis touchent au sujet qui nous occupe, mais il était nécessaire d'en faire connaître l'économie générale, car cette idée de représentation du travail par une série de Conseils reliés entre eux, depuis le plus grand qui siège au Ministère jusqu'aux moindres qui se forment dans chaque centre industriel et presque dans chaque usine, hante beaucoup d'esprits. M. Millerand, pendant son séjour au Ministère, a tenté de la réaliser en France.

Pourtant ce ne fut pas le projet de M. H. Denis qui fut adopté par les Chambres belges, mais celui de

M. Frère-Orban, qui présente, du reste, avec lui de grandes analogies.

Les Conseils de l'Industrie et du Travail (Loi du 16 août 1887) ont pour principale mission « de délibérer sur les intérêts communs des patrons et des ouvriers » ; leur rôle comme conciliateurs dans les conflits du travail n'est qu'un rôle accessoire. C'est ce qui résulte très clairement de la lecture de la loi elle-même et de la discussion qui s'est élevée lors du vote de son article premier. Leur caractère propre est d'organiser la représentation des intérêts professionnels des patrons et des ouvriers. En étudier en détail le fonctionnement serait, par conséquent, sortir du cadre assigné à ce travail. Contentons-nous d'en donner simplement une idée.

Les Conseils sont créés par arrêté royal dans une « localité » (art. 1er) soit d'office, soit à la demande du Conseil communal ou des intéressés, patrons et ouvriers; l'arrêté qui les crée fixe l'étendue et la limite de leur ressort et détermine le nombre et la nature de leurs sections (art. 3). Ils ont, en effet, une circonscription territoriale, et, dans les limites de cette circonscription, chaque industrie assez importante est représentée au sein du Conseil par une section (art. 2).

Par exemple, le Conseil constitué à Bruxelles par arrêté royal du 13 janvier 1890, comprend vingt et une sections et dans chacune de ces sections sont groupés les représentants d'industries similaires. Ainsi, la seconde section dite de l'Industrie du Bois comprend les menuisiers, charpentiers, ébénistes, chaisiers, fabricants de meubles en rotin et bambou, scieurs de long, tourneurs et sculpteurs sur bois, emboîteurs.

Remarquons que les sections seules sont des réalités positives dans ce système. Le Conseil n'est qu'une étiquette, qui sert à en faire une sorte de classification administrative et géographique ; il n'est pas représenté par un bureau ; il ne tient pas d'Assemblées périodiques ; il n'a pas d'existence véritable. C'est la section qui existe.

Elle est composée d'un nombre égal de chefs d'industrie et d'ouvriers, élus suivant les règles posées par les articles 5, 6 et 7 de la loi, formant un total de six à douze membres (article 4) ; elle choisit dans son sein un président et un secrétaire (article 9) et se réunit obligatoirement au moins une fois par an (article 8). Le roi peut, du reste, convoquer extraordinairement soit une section, soit plusieurs sections appartenant ou non à la même circonscription, soit toutes les sections formant le conseil d'une circonscription, pour leur soumettre des questions d'intérêt général relatives à l'industrie et au travail (article 11).

En matière de conflits industriels, l'article 10 dispose que : « Lorsque les circonstances paraissent l'exiger, le gouverneur de la province, le bourgmestre ou le président convoque, à la demande soit des chefs d'industrie soit des ouvriers, la section de l'industrie dans laquelle un conflit s'est produit. La section recherche les moyens de conciliation qui peuvent y mettre fin. Si l'accord ne peut s'établir, la délibération est résumée dans un procès-verbal qui est rendu public. »

On peut dire que les Conseils du travail ne jouent aucun rôle dans les conflits industriels. En 1901, d'après le rapport officiel, six conflits seulement ont été soumis à la section compétente et un seul arrangement a pu être obtenu[1]. La constitution des sections est le principal obstacle à toute action efficace.

En effet, dans les grands centres, la section sera composée de représentants d'industries similaires mais pourtant fort différentes. Nous avons vu qu'à Bruxelles, par exemple, la section de l'industrie du bois comprenait huit métiers distincts et, comme elle ne peut avoir au maximum que six membres patrons et six membres ouvriers, il pourra fort bien arriver qu'un conflit né parmi les scieurs de long ne soit soumis qu'à des ébénistes ou à des chaisiers ou à des sculpteurs sur bois. D'où manque de compétence d'une part et manque de confiance d'autre part. Dans les petits centres le danger est autre, mais il n'est pas moins grand. La section pourra ne comprendre qu'un seul métier mais alors le patron intéressé dans le conflit se souciera peu de mettre au courant de ses affaires les membres de la section, qui sont ses concurrents directs.

Ceci suffit à expliquer le peu de succès de la loi de 1887 en matière de conflits industriels.

La loi, du reste, a été fort loin de réaliser les espérances de ceux qui l'ont préparée ou votée. Le monde du travail a constamment montré une très grande indifférence à l'endroit des Conseils du travail. Après le vote de la loi du 16 août 1887, le Gouvernement attendit pendant plus de deux ans que les Conseils communaux ou les intéressés, patrons ou ouvriers,

1. Nous ne possédons pas le nombre officiel des grèves en 1901, mais, dans la période quinquennale (1896-1900, le chiffre officiel a été de 610 grèves, soit en moyenne de 122 par an. En 1903, il y a eu 76 grèves (Revue du Travail belge). Ajoutons qu'en 1901, il existait en Belgique 78 Conseils du Travail comprenant 303 sections (dont 154 seulement étaient réellement constituées).

lui demandent, conformément à l'article 3, de constituer des Conseils du travail. En l'absence de toute initiative locale, il se décida, en décembre 1889, à créer d'office des Conseils là où il lui parut qu'ils pourraient rendre des services. C'est ainsi qu'au 31 mai 1892, il en existait 52 formant 184 sections, mais beaucoup de ces sections n'avaient pu se constituer effectivement faute de votants, et là même où il avait été possible de procéder aux élections le nombre des abstentions avait été véritablement incroyable.

Depuis lors, et malgré le soin que met le gouvernement à consulter fréquemment les Conseils sur toutes les questions ouvrières, la situation n'a pas changé, ainsi qu'on peut s'en rendre compte par la lecture du Rapport pour l'exercice 1901 (analysé dans le *Bulletin de l'Office du Travail*, août 1902, p. 539). En décembre 1901, il existait en Belgique 75 Conseils de l'Industrie et du Travail, comprenant officiellement 303 sections ; mais 154 sections seulement étaient effectivement constituées. Toutes les sections n'ont même pas tenu la réunion annuelle qui leur est imposée par l'article 8 de la loi. Nous avons vu plus haut que les résultats obtenus en matière de conflits ouvriers ont été à peu près nuls. Les institutions créées par l'initiative privée sont les seules qui aient, à cet égard, donné des résultats.

## Hollande.

Le peu de succès des Conseils de l'Industrie et du Travail en Belgique n'a pas détourné la Hollande de créer, par la loi du 2 mai 1897, des Chambres du Travail.

Depuis 1892 la Chambre Hollandaise était saisie de deux projets sur la matière : le premier (27 avril 1892, repris le 4 juin 1894) déposé par M. Pytterson, député, tendant à créer une vaste organisation comprenant patrons et ouvriers ; le second (2 mai 1892, repris le 28 août 1893) déposé par M. Schlimmelpermmick, député, autorisant seulement le gouvernement à créer des Chambres du Travail. Le gouvernement déposa à son tour le 20 octobre 1895, un projet de loi qui devint la loi du 2 mai 1897.

La loi hollandaise s'inspire visiblement de la loi belge, en s'efforçant pourtant d'améliorer celles de ses dispositions qui ont donné lieu à des critiques. Les Chambres du Travail, comme les Conseils de l'Industrie et du Travail, sont, avant tout, des corps consultatifs chargés de recueillir des renseignements sur les questions ouvrières et de fournir des avis et des documents soit à l'administration, soit aux intéressés, patrons et ouvriers. La conciliation dans les conflits du travail n'est qu'une de leurs attributions — plus clairement déterminée pourtant dans la loi hollandaise que dans la loi belge (art. 2). Elles sont créées par un décret royal rendu sur la proposition du ministre des travaux publics — et non pas, comme en Belgique, sur la proposition du Conseil communal ou des intéressés — et ce décret fixe le siège de la Chambre, l'étendue de sa juridiction, le ou les métiers qui y seront représentés et le nombre des membres qui devront la composer — aucun nombre maximum n'étant déterminé par la loi. — Ces membres devront seulement être, en nombre égal, des patrons et des ouvriers élus suivant les dispositions assez libérales de la loi (art. 1, 4 et 5). Ils sont élus pour cinq ans, sortent tous ensemble et sont rééligibles (art. 13).

Les Chambres de Travail se réunissent régulièrement quatre fois par an, et peuvent être convoquées aussi souvent que cela est nécessaire par leur président (art. 7).

Le bureau de la Chambre est composé d'un président et de deux membres, plus un secrétaire. L'un des membres est choisi par et parmi les patrons; l'autre par et parmi les ouvriers. Il y a deux présidents, l'un nommé par les patrons et l'autre par les ouvriers. Ils sont en fonctions alternativement pendant six mois, le premier tour étant désigné par le sort (art. 19 et 20). La Chambre ne peut délibérer et voter que si la moitié au moins des membres patrons et des membres ouvriers est effectivement présente (art. 31). La minorité a la faculté de faire connaître son opinion par un avis spécial (art. 32). La Chambre rédige chaque année un Rapport de ses travaux et l'adresse au Ministre des travaux publics qui le communique aux États-Généraux (art. 33).

Telles sont les dispositions générales de la loi du 2 mai 1897. On voit qu'elle s'inspire de la loi belge tout en s'efforçant d'éviter les écueils signalés par la pratique en Belgique.

Ses articles 22 à 27 déterminent le rôle des Chambres de travail en matière de conflits collectifs.

En cas de conflit menaçant ou déclaré, les intéressés peuvent s'adresser à la Chambre du travail — celle-ci ne pouvant intervenir d'office — pour demander la constitution d'un Conseil de conciliation.

Le bureau de la Chambre ainsi saisie du différend, doit d'abord faire tous ses efforts pour le terminer à l'amiable; s'il ne peut y parvenir, il convoque la Chambre qui nomme un président — choisi dans son sein ou en dehors — et désigne quelques-uns de ses membres, pris en nombre égal parmi les patrons et parmi les ouvriers. Le Conseil de conciliation est ainsi constitué. Il instruit l'affaire et fait connaître aux parties — par écrit — son opinion sur le différend et sur les moyens d'arriver à la conciliation. L'opinion de la minorité est, s'il y a lieu, consignée dans le rapport qui peut être publié. Si les parties ne se rendent pas à l'avis du Conseil de conciliation, elles peuvent constituer un arbitrage et la loi stipule expressément que les femmes pourront être choisies comme arbitres.

La loi hollandaise ne semble pas avoir obtenu de meilleurs résultats que la loi belge. Le Rapport du Ministre de l'intérieur pour l'exercice 1901 (*Bulletin de l'Office du Travail,* 1902, p. 717) nous apprend en effet qu'il existait en Hollande à la fin de l'année 1901 quatre-vingt-une chambres de travail; que soixante-quatorze étaient en plein fonctionnement mais que soixante-dix seulement avaient adressé au Ministre le Rapport annuel prescrit par la loi. Le Rapport constate, en outre, que patrons et ouvriers sont loin de s'intéresser comme ils le devraient à la constitution de ces chambres; les abstentions lors des élections sont nombreuses de part et d'autre. Dans deux circonstances récentes, à Rotterdam, c'est à peine si 12 % des patrons et 11 % des ouvriers ont pris part aux élections.

Au point de vue de la conciliation en matière de

conflits industriels, le même rapport nous fait connaître les chiffres suivants pour l'année 1901. Les Chambres ont été saisies de différends par les intéressés dans douze cas. Elles ont pu éviter deux grèves et en terminer à l'amiable trois ; dans les sept autres cas leurs efforts sont restés sans résultats[1].

Le Rapport pour 1901, dont l'analyse figure au *Bulletin de l'Office du Travail*, 1903, p. 127, constate qu'il existait au 1er janvier 1902, 86 chambres du travail dont soixante-dix seulement avaient fait parvenir le rapport annuel prescrit par l'article 33. Il ne donne aucun renseignement sur le rôle des chambres en matière de conciliation. En 1902, il existait 96 Chambres du travail sur lesquelles 75 seulement avaient fourni le rapport annuel exigé par l'article 33 de la loi du 2 mai 1897 (*Bulletin de l'Office du Travail*, 1903, p. 5'

1. Il y a eu, en 1901, en Hollande, cent quinze grèves et sept lock-outs. Le nombre des grèves terminées à l'amiable par un arrangement direct entre les intéressés ou par médiation a été de quarante-deux. En 1902, il y eut cent vingt-huit grèves et, en 1903, cent quarante-neuf — plus quatorze lock-outs — sur lesquelles soixante-dix se sont terminées par un arrangement direct, quinze par la médiation de personnes étrangères à l'industrie et trois par l'arbitrage. Les rapports ne parlent pas du rôle qu'auraient pu exercer dans ces arrangements les Chambres du trava

# CHAPITRE IV

## ALLEMAGNE ET AUTRICHE.

*Allemagne.* — Rôle des autorités communales. — Les Tribunaux de corporation. — Les Tribunaux spéciaux. — Les Tribunaux industriels. — Résultats obtenus.

*Autriche.* — Division des professions en Autriche. — Les Tribunaux industriels. — Les Commissions arbitrales. — Les Collèges d'Arbitres. — Rôle des Inspecteurs d'Industrie. — Résultats obtenus. — La loi du 14 août 1896 sur la conciliation et l'arbitrage dans les mines.

### Allemagne.

La loi du 29 juillet 1890, modifiée par la loi du 30 juin 1901, a créé pour tout l'empire d'Allemagne un type uniforme de tribunaux industriels, ayant compétence pour connaître aussi bien des conflits collectifs que des conflits individuels. Mais le Parlement n'a pas voulu faire disparaître les juridictions très diverses qui existaient en Allemagne avant le vote du projet de loi présenté par le chancelier de Caprivi, qui est devenu la loi sur les tribunaux industriels.

Antérieurement à cette loi, il existait en Allemagne quatre sortes de juridictions ayant compétence pour trancher les différends entre patrons et ouvriers. C'étaient d'abord les *autorités communales*, qui puisaient dans l'article 108 de l'ordonnance de 1869 le pouvoir de connaître « des contestations survenues entre les entrepreneurs indépendants et leurs ouvriers », à la condition qu'il n'existât pas dans le lieu du conflit d'autorités spéciales ayant compétence en ces matières. La loi du 29 juillet 1890 a dépouillé les municipalités de ces pouvoirs, leur permettant seulement de trancher certains conflits sur la demande des parties, en l'absence d'un tribunal industriel compétent et seulement à titre provisoire.

Les *Tribunaux de corporation*, eux, ont été expressément maintenus par l'article 79. Les lois de 1869 et du 18 juillet 1881 ont consacré l'existence en Allemagne des corporations de métiers et parmi les attributions naturelles de ces corporations, devait nécessairement figurer le pouvoir de régler les différends s'élevant au sein de la corporation, entre maîtres et apprentis, ou entre maîtres et ouvriers. Dans le premier cas, la compétence du Tribunal corporatif est obligatoire et il rend une véritable sentence; dans le second, sa compétence est seulement facultative. Les tribunaux arbitraux de corporation se composent d'un nombre égal de patrons et d'ouvriers se réunissant sous la présidence d'une personne désignée par l'administration. Une loi du 7 juin 1887 a élargi leur compétence en permettant à l'autorité administrative supérieure de leur donner juridiction sur des personnes, étrangères à la corporation mais appartenant à la même industrie, quand ces personnes soumettent leurs difficultés au Tribunal de corporation.

L'Allemagne possède depuis très longtemps des tribunaux appelés *Tribunaux spéciaux* organisés sur le modèle de nos Conseils de prud'hommes. Les premiers ont été fondés de 1806 à 1810, en Prusse, par Napoléon. Ces tribunaux, peu nombreux — il n'y en a que vingt-quatre — n'ont pas été supprimés par la loi du 29 juillet 1890 ; on s'est borné à leur imposer certaines modifications de leur constitution en ce qui concerne l'élection des assesseurs.

Enfin, l'ordonnance industrielle de 1869 avait organisé dans son article 108 des *tribunaux arbitraux*. Ce sont ces tribunaux qui ont été transformés par la loi du 29 juillet 1890 en *tribunaux industriels*. On n'a pas supprimé ceux qui existaient mais leur organisation a été modifiée conformément aux dispositions de la loi nouvelle, qu'il nous faut maintenant étudier.

Les *Tribunaux industriels allemands* réglementés par la loi du 29 juillet 1890 sont constitués dans les communes où la nécessité en est reconnue. Ils sont composés d'un président et d'un vice-président, désignés par le maire sous le contrôle de l'autorité supérieure et d'un nombre variable d'assesseurs, pris par moitié parmi les patrons, par moitié parmi les ouvriers, élus par leurs pairs au scrutin secret. Le président et le vice-président doivent être choisis en dehors de l'industrie.

Les tribunaux industriels allemands remplissent une triple fonction. Ils sont d'abord des corps consultatifs et « ils doivent à la requête des pouvoirs publics ou de la direction de l'association de communes pour laquelle ils ont été institués, formuler des avis relativement à des questions industrielles ».

Ils sont ensuite des organes de jugement et, à cet égard, ils jouissent d'une *double* compétence : ils jugent les conflits individuels qui s'élèvent entre patrons et ouvriers, y compris les ouvriers des chantiers et manufactures de l'État, à l'exception toutefois des ouvriers des administrations de la guerre et de la marine; ils statuent, avec l'assistance de délégués spéciaux, comme conciliateurs ou arbitres entre les patrons et les ouvriers. Cette dernière fonction est réglementée par les articles 61 à 70 de la loi. Les tribunaux industriels sont saisis par une demande émanant des deux parties; ainsi se forme le Comité de conciliation, devant lequel la comparution est obligatoire sous peine d'amende depuis la loi de 1901. En même temps qu'ils s'adressent au tribunal industriel les intéressés doivent désigner des mandataires, au nombre de trois, en principe, dont le tribunal a le pouvoir d'apprécier le mandat. Bien entendu, si les patrons intéressés ne sont pas plus de trois, ils peuvent se présenter eux-mêmes. Le Tribunal industriel jouant le rôle de Conseil de conciliation peut s'adjoindre des délégués, et il doit le faire si les mandataires des parties le demandent. Ces délégués des patrons et des ouvriers, comme du reste les assesseurs siégeant dans le comité de conciliation, doivent être choisis en dehors des intéressés. Le tribunal doit d'abord s'appliquer à bien déterminer les points en litige; à cet effet il procède à une enquête et peut citer et entendre les personnes qu'il juge capables de l'éclairer. Alors seulement les parties intéressées sont appelées à fournir des explications et à connaître et à critiquer les résultats de l'enquête. La tentative de conciliation est faite dans une réunion commune et si un accord intervient, il est consigné dans une déclaration signée des membres du tribunal industriel et des délégués des parties. Si, au contraire, un accord ne s'établit pas, le tribunal industriel rend une sentence arbitrale, à la majorité simple. Pourtant, si le président constate que tous les assesseurs et délégués patrons et tous les assesseurs et délégués ouvriers sont en partage, il peut s'abstenir de voter et déclarer que la sentence n'a pas pu être rendue. La sentence rendue n'est du reste pas obligatoire; elle est notifiée aux intéressés qui doivent déclarer dans un certain délai s'ils l'acceptent. Ce délai écoulé, ils sont considérés comme n'ayant pas accepté la sentence; celle-ci est alors rendue publique, en même temps que les explications recueillies. En somme, il ne s'agit pas ici d'arbitrage : le tribunal fait une enquête, interroge des tiers, recueille les explications des intéressés, tâche de les concilier et s'il ne peut y parvenir, fait connaître au public son opinion sur le conflit et les explications fournies par les intéressés.

Ajoutons que, donnant satisfaction à des réclamations nombreuses, le Parlement allemand a voté au mois de juin 1904, une loi (loi du 6 juillet 1904) qui crée pour les employés de commerce dont le revenu n'atteint pas 5.000 marks (en salaire et appointements), des tribunaux ayant une organisation semblable à celle des tribunaux industriels pour l'industrie et pouvant jouer comme eux le rôle de conciliateurs dans les conflits collectifs (art. 17).

D'après la statistique officielle allemande, en 1902, le nombre des tribunaux chargés de trancher les différends individuels ou collectifs, entre patrons et ouvriers était de 791, se décomposant ainsi : 354 tribunaux in dustriels, 413 tribunaux corporatifs d'arbitrage et 24 conseils de prud'hommes; ils avaient été saisis de 85.915 affaires et en avaient concilié 38.888 soit 45,26 %. C'est une très forte proportion, mais il ne faut pas oublier qu'il s'agit là presque exclusivement de conflits individuels. En ce qui concerne les conflits collectifs, les tribunaux industriels allemands ont donné de médiocres résultats. C'est ainsi que la statistique officielle nous apprend qu'il y a eu en Allemagne, en 1903, 1.374 grèves sur lesquelles 444, soit 32,3 %, se sont terminées par des transactions et sur ce chiffre on ne signale que 54 interventions des tribunaux industriels en conformité de la loi du 29 juillet 1890. A côté des grèves d'ouvriers l'Allemagne présente un certain nombre de lock-outs. Il en a été signalé, en 1903, 96 et le tribunal industriel n'a siégé qu'une seule fois comme tribunal de conciliation.

## Autriche.

La législation industrielle de l'Autriche est assez compliquée. On peut la résumer sommairement ainsi. Les professions sont divisées en trois classes; dans la première rentrent les professions dites libres que l'on peut exercer moyennant une simple déclaration; c'est de beaucoup le plus grand nombre. La seconde comprend un certain nombre de professions qui, à raison des dangers qu'elles présentent pour la santé publique ou la sécurité politique (établissements insalubres, libraires, armuriers, imprimeurs, aubergistes, etc.), sont soumises au régime de l'autorisation préalable. Enfin, les professions qui rentrent dans la catégorie des métiers sont soumises à un régime de corporation obligatoire. La grande industrie rentre théoriquement dans la première classe, celle des professions libres, mais elle est soumise, en tant que grande industrie et à raison de l'importance des établissements, à un certain nombre de lois spéciales relatives, par exemple, à la durée de la journée de travail, aux assurances obligatoires, etc.

Au point de vue de la conciliation et de l'arbitrage des conflits collectifs et individuels, la diversité n'est pas moins grande et l'Autriche ne compte pas moins de quatre sortes d'institutions affectées à cet objet. Il y a d'abord les *Tribunaux industriels,* analogues à nos Conseils de prud'hommes, créés en vertu de la loi du 14 mai 1869, sur la demande et dans l'intérêt des établissements d'une même industrie. Les *Commissions arbitrales,* réglementées par la loi du 15 mars 1888, fonctionnent au sein des corporations de métiers. Elles sont créées sur une demande adressée à l'autorité politique de la province, à laquelle sont soumis les statuts. La Commission doit être composée d'un nombre égal de patrons et d'ouvriers, élus les uns et les autres par leurs pairs; les président et vice-président sont choisis par la Commission élue. Les *Collèges d'arbitres* sont organisés comme les Commissions, c'est-à-dire composés d'un nombre égal de patrons et d'ouvriers élus par leurs pairs, mais ils sont créés par l'autorité provinciale dans l'intérêt des usines et des fabriques situées en dehors du ressort d'un tribunal industriel.

A l'exception des Commissions arbitrales qui, au sein des Corporations, ont rendu de grands services, les institutions dont nous venons de parler ont été créées en assez petit nombre et ne semblent pas posséder la confiance des intéressés. Il en va différemment des *Inspecteurs d'industrie*, qui, chargés expressément par la loi d'écouter les réclamations des ouvriers et les doléances des patrons, sont très fréquemment priés d'intervenir dans les conflits et parviennent très souvent à les terminer ou à les prévenir. Leur compétence reconnue et l'estime dont ils jouissent en font les intermédiaires auxquels on a le plus volontiers recours en cas de conflit menaçant ou déclaré. Leur intervention a été demandée en 1884, dans 1.600 cas; en 1888, dans 2.780; en 1889, dans 4.348. Leurs efforts sont couronnés de succès en moyenne deux fois sur trois. L'autorité morale dont ils jouissent leur permet aussi d'intervenir fréquemment dans les conflits collectifs; ils auraient en 1888 évité 65 grèves et 135 en 1889.

Depuis l'époque où l'Office du travail français publiait ces renseignements (*Conciliation et arbitrage en France et à l'étranger*, Paris, 1893), le rôle des inspecteurs d'industrie n'a pas été moins actif. En 1895, les patrons se sont adressés à l'inspection dans 2.739 cas, dont 27 fois pour cause de grève, et les ouvriers dans 6.522 cas dont 341 fois pour organiser la conciliation et 24 fois pour cause de grève. Les chiffres correspondants, en 1896, sont 2.540 et 6.742. Les recours en cas de grève ont été pour les patrons de 121 et pour les ouvriers de 151 et le rapport dit que dans 30 % des cas l'action des Inspecteurs d'industrie a été couronnée de succès. Les réclamations des patrons ont été, en 1901, au nombre de 2.884 et celles des ouvriers au nombre de 5.408. Les nombres correspondants pour 1902 sont 3.092 et 5.320, et pour 1903, 3.464 et 5.667. Pendant ces deux dernières années l'intervention des Inspecteurs d'industrie s'est produite; en 1902, dans 63 grèves et 5 *lock-out* et en 1903, dans 104 grèves et 6 *lock-out*. Le corps des inspecteurs rend des services si constants dans l'exercice des diverses fonctions qui lui sont confiées que le gouvernement augmente chaque année le nombre des circonscriptions et celui des fonctionnaires. Il y avait, en 1903, 31 circonscriptions et 71 fonctionnaires. Ce sont incontestablement les inspecteurs du travail qui ont rendu le plus de services, en Autriche, pour la prévention ou l'apaisement des conflits du travail; néanmoins les législateurs ne sont pas restés inactifs et il nous faut signaler la loi du 14 août 1896.

*Loi du 14 août 1896 sur les Sociétés de mines.* — La loi du 14 août 1896 organise dans les mines des corporations obligatoires et règle très minutieusement leur fonctionnement. Les patrons et les ouvriers forment dans la corporation deux groupes distincts, se réunissant dans des assemblées séparées. Le fonctionnement de ces corporations est assez compliqué. Il est assuré 1° par les assemblées séparées de chaque groupe, qui ont des attributions multiples et notamment doivent élire deux commissions; 2° par les deux commissions, élues comme nous venons de le voir, se composant chacune de cinq à neuf membres et choisissant dans leur sein un chef, qui est en même temps le chef du groupe ; 3° par la réunion des deux commissions formant la grande commission, qui a pour président le chef de la corporation ; 4° par le comité directeur de la corporation, constitué par les deux chefs de groupe et deux autres membres désignés spécialement par les groupes. Les quatre membres du Comité directeur choisissent, à l'unanimité des suffrages, le président de la corporation. La loi détermine minutieusement les attributions de ces organismes.

Au point de vue qui nous occupe, l'arbitrage des conflits individuels est confié au Comité directeur et la mission de concilier ou d'arbitrer les conflits collectifs est dévolue à la Grande Commission.

Le mode de procéder est minutieusement réglé par les articles 24 à 29 de la loi ; en voici le résumé. La compétence de la grande commission est limitée « aux affaires qui intéressent l'ensemble du personnel ouvrier ou l'intégralité des groupes d'ouvriers d'une ou plusieurs exploitations appartenant à la corporation ». La grande commission, constituée en Conseil de conciliation, est présidée par une personne spécialement désignée pour chaque conflit par les membres de la grande commission et qui peut être étrangère à la corporation. Le conseil de conciliation peut être saisi par une demande de l'un des groupes ou par une invitation de l'administration minière de district pour empêcher ou faire cesser une grève ; mais quand il est saisi par un des groupes, le Conseil ne doit admettre la demande que si la question en litige a déjà fait l'objet d'une délibération restée sans résultat entre le patron et l'autorité ouvrière locale. C'est le président qui convoque les membres de la grande commission, mais si ceux-ci prennent part aux débats, ce n'est pas à eux qu'il appartient de prendre la décision. Le président doit, en effet, désigner, d'accord avec les intéressés, des « personnes de confiance » choisies en nombre égal pour les deux parties parmi les personnes directement intéressées à l'affaire, tant parmi les entrepreneurs que parmi les ouvriers. Ce sont ces « personnes de confiance » qui devront se mettre d'accord, se concilier, et la loi dispose que « les débats doivent être continués jusqu'à ce qu'un accord soit intervenu entre les personnes de confiance, ou que l'impossibilité d'y parvenir soit constatée ».

Si un accord n'a pas pu intervenir, la grande commission devient tribunal arbitral : en l'absence des « personnes de confiance » elle rend une décision qui est notifiée aux intéressés, avec invitation à déclarer s'ils veulent s'y soumettre.

Donc, pas d'arbitrage obligatoire, pas de décision s'imposant aux parties ; si aucun résultat n'a pu être obtenu, c'est à l'opinion publique qu'on s'adressera en publiant les explications fournies par les parties et l'avis — ou, si on préfère, la sentence arbitrale — de la grande commission.

# CHAPITRE V

## COLONIES ANGLAISES.

*Nouvelle-Zélande.* — La loi sur l'Arbitrage obligatoire. Son application et ses conséquences.

*Australie.* — La loi du Queensland. — Tentatives faites en Victoria. — La loi de 1892 dans la Nouvelle-Galles du Sud. — La loi du 21 décembre 1894 en Sud-Australie. — La Fédération. — Analyse et application de la loi du 10 décembre 1901, organisant l'arbitrage obligatoire dans la Nouvelle-Galles du Sud.

*Canada.* — Les grèves au Canada. — Loi du 18 juillet 1900, sur le règlement des conflits ouvriers. — Loi du 31 mars 1890 spéciale à l'industrie minière. — Loi du 10 juillet 1903 spéciale à l'industrie des chemins de fer.

### Nouvelle-Zélande.

La législation sociale très audacieuse qui se forme en Nouvelle-Zélande depuis que le ministère Seldon est aux affaires — c'est-à-dire depuis plus de dix ans, depuis 1893 — est longtemps apparue aux réformateurs sociaux du vieux monde dans un lointain favorable aux légendes. Aujourd'hui des études très documentées, faites sur place par des hommes spéciaux et compétents, nous permettent de juger et d'apprécier cette législation, en nous mettant à même de la bien connaître d'abord et ensuite de déterminer les circonstances dans lesquelles elle a pris naissance et elle se développe[1].

Ce qui est très caractéristique c'est que les Néo-Zélandais sont en train d'édifier la législation assurément la plus socialiste qui soit au monde, sans que pourtant on puisse les accuser d'être socialistes.

En 1890, une terrible grève désola l'Australasie; les ouvriers luttèrent aussi longtemps qu'il leur fut possible, mais finalement ils durent s'avouer vaincus : ils sortaient de la lutte absolument épuisés; leurs *trade-unions*, auparavant florissantes et riches, étaient absolument ruinées et incapables de longtemps d'entreprendre une lutte nouvelle. De ce jour la foi en l'efficacité du trade-unionisme était morte; les ouvriers se jetèrent dans la politique, pensant y réparer les mécomptes de la lutte économique et, de fait, comme ils étaient le nombre, ils purent conquérir le pouvoir et, depuis ce jour, ils s'en servent.

Ces socialistes ne sont que des « opportunistes ». « Ils recourent à l'État, dit M. A. Siegfried, non en vertu d'une doctrine étatiste consciente, mais parce qu'étant maîtres de la majorité parlementaire, ils peuvent faire de l'État ce que bon leur semble. Ils s'entourent de lois protectrices du travail, non pour le plaisir de la chose, mais parce qu'ils désirent se tailler au soleil une place aussi bonne que possible. » Joignez à cela des circonstances locales qui ont facilité ou permis le développement de cette législation — on en trouvera l'exposé dans les ouvrages

1. Citons surtout les livres de M. A. Métin, « Le socialisme sans doctrine »; de M. Vigouroux, « L'évolution sociale en Australasie »; de M. A. Siegfried, « La démocratie en Nouvelle-Zélande » et de M. Pierre Leroy-Beaulieu, « Les nouvelles sociétés anglo-saxonnes ».

que nous avons cités, — une certaine fierté, bien anglo-saxonne, de marcher à l'avant-garde de la civilisation et une persuasion intime qu'ils « étonnent » le vieux monde; vous aurez ainsi une idée des motifs qui ont déterminé le développement des lois ouvrières et sociales en Australasie.

Une partie seulement de cette législation doit nous occuper ici : les mesures prises pour solutionner les conflits du capital et du travail. Nous parlerons d'abord de la Nouvelle-Zélande et de l'arbitrage obligatoire; ensuite nous examinerons rapidement la législation des États de l'Australie sur la même question.

*L'arbitrage obligatoire en Nouvelle-Zélande.* — L' « *Industrial conciliation and arbitration Act* » date de 1894; il a été amendé en 1896 et en 1898 et enfin refondu, « consolidé » en 1900. On se méprendrait beaucoup si on croyait que la loi de 1894 ne vise qu'à assurer la solution des conflits du travail : son Titre III seul est consacré à cet objet; le premier traite des associations professionnelles et le second du contrat de travail. En réalité, la Cour d'arbitrage a reçu un pouvoir tel qu'elle règle absolument à son gré toutes les questions concernant le régime du travail.

Voici, en quelques mots, comment est organisé l'arbitrage obligatoire. La Nouvelle-Zélande est divisée en sept districts industriels dans chacun desquels fonctionne un tribunal de conciliation, composé de cinq membres, y compris le président. Les membres sont élus pour trois ans, moitié par les associations patronales et moitié par les associations ouvrières; le président n'est pas élu mais choisi par les membres du tribunal de conciliation en dehors d'eux, ou désigné d'office par le gouvernement, en cas de désaccord. Le tribunal ne rend pas de sentence mais, après avoir examiné l'affaire, il « propose » une solution que les parties peuvent accepter ou ne pas accepter. Toutefois, depuis la refonte de la loi sur l'arbitrage, en 1900, cette solution devient obligatoire si, dans le délai d'un mois, aucun appel n'a été interjeté contre elle devant la Cour d'arbitrage.

Il n'y a qu'une Cour d'arbitrage pour toute la colonie ; elle est composée de trois juges nommés par le gouvernement, l'un sur la présentation des associations patronales, l'autre sur la présentation des associations ouvrières et le troisième, qui remplit les fonctions de président et qui doit être un magistrat de l'ordre judiciaire, sans présentation aucune.

Les fonctions des juges des tribunaux de conciliation et de la Cour d'arbitrage durent trois ans.

Nous venons de voir comment sont organisés les tribunaux. Quels sont maintenant les justiciables ; quelle procédure est suivie et quels sont les pouvoirs des tribunaux ?

Le pouvoir de juridiction des tribunaux s'étend sur les ouvriers et sur les patrons faisant partie d'une association professionnelle « déclarée ». Parlons d'abord des ouvriers. Ils ne voient d'ordinaire aucune raison de ne pas entrer dans ces associations, et une seule chose étonne, c'est qu'ils n'y soient pas entrés plus nombreux : en 1900, sur 48.938 ouvriers il n'y en avait que 26.067 qui fussent membres des unions industrielles.

En droit, les ouvriers néo-zélandais ont conservé

la liberté de rester isolés et de recourir à la grève; mais, en fait, une grève d'ouvriers isolés est impossible. Il y a là seulement une menace pour l'avenir, pour le jour où les décisions de la cour d'arbitrage venant à être moins constamment en faveur des ouvriers, ceux-ci penseront avoir intérêt à abandonner les unions et à revenir au système des grèves.

Quant aux patrons, ils sont toujours justiciables de la Cour d'arbitrage. S'ils n'appartiennent pas à une association enregistrée, ils ne peuvent s'y présenter comme demandeurs, mais on peut les y conduire comme défendeurs. Ils n'ont pas même la ressource de se soustraire à sa juridiction en n'employant que des ouvriers non syndiqués; la Cour, par une décision assurément peu logique, a déclaré qu'elle était compétente même quand le patron n'employait pas un seul syndiqué.

La procédure est très simple. Quand un différend se produit, les intéressés s'adressent d'abord au Tribunal de conciliation du district; celui ci-propose une solution (qui devient obligatoire au bout d'un mois écoulé sans appel); les parties qui ne veulent pas accepter cette solution doivent, dans ce délai d'un mois, saisir du différend la Cour d'arbitrage, qui rendra une décision sans appel.

C'est là l'aboutissant fatal du système, car tout le monde reconnaît que la conciliation ne donne aucun résultat. « En général, écrit M. Reeves, l'auteur de la loi, aujourd'hui agent général de la Nouvelle-Zélande à Londres, les décisions des Tribunaux de conciliation ne sont pas acceptées. » Est-ce à dire qu'elles soient mal rendues? Non assurément, puisque bien souvent la Cour d'arbitrage ne fait que les confirmer, mais c'est toujours à la Cour d'arbitrage que l'on songe. Aussi les pouvoirs de cette Cour sont-ils absolument excessifs; elle est véritablement toute-puissante et règle à son gré le régime du travail dans la colonie. Rien n'échappe à sa juridiction.

Les pouvoirs de la Cour d'arbitrage sont, en effet, beaucoup plus grands que ne pourrait le faire penser le texte même de la loi.

Pour s'éclairer elle possède naturellement les droits les plus étendus; elle peut entendre des témoins et les contraindre à déposer sous peine d'amende; pénétrer librement dans toutes les « manufactures, fabriques, mines, navires, abris et autres lieux où s'exerce une industrie et s'exécute un travail, où on fait ou a fait quoi que ce soit ayant motivé l'appel au conseil ou au tribunal » (art. 27); elle peut aussi « se faire soumettre tous livres, pièces, papiers ou écrits relatifs à l'affaire, que les parties peuvent détenir ou dont elles peuvent avoir le contrôle ». Voilà pour les pouvoirs relatifs à l'instruction des affaires; on voit qu'ils sont considérables.

La portée des décisions rendues est très grande. Elles sont d'abord obligatoires et, de plus, elles arrivent fatalement à prendre la portée de décisions générales, sortes d'*arrêts de règlement* qui empiètent sur le pouvoir du législateur.

Les décisions de la Cour d'arbitrage sont obligatoires, mais il faut bien remarquer qu'elles peuvent être exécutées aussi bien contre les ouvriers que contre les patrons. En Nouvelle-Zélande, en effet, les ouvriers syndiqués peuvent seuls ester en justice devant la Cour d'arbitrage et les syndicats néo-zélandais possèdent un patrimoine. Si la sentence rendue par la Cour d'arbitrage est violée, cette même cour peut prononcer une condamnation à une amende, qui peut atteindre 12.500 francs. Le § 5 de l'art. 8 de la loi du 5 novembre 1898 affecte au paiement de cette amende « tous les biens du débiteur, y compris, s'il s'agit d'une Union ou Trade-Union, les biens détenus par les administrateurs pour le débiteur » et, si ces biens sont insuffisants, tous les membres de l'association sont personnellement responsables jusqu'à concurrence d'une sommé de 250 francs par personne.

Avec de tels pouvoirs la Cour d'arbitrage est, en réalité, maîtresse absolue des conditions du travail dans la colonie.

Sa jurisprudence, avons-nous dit, tend à constituer une législation du travail et à se substituer au pouvoir législatif. Cela se comprend. D'abord la Cour d'arbitrage ne se borne pas à interpréter un contrat existant : elle refait le contrat qui liait les plaideurs pour une durée qui ne peut excéder trois ans. M. Siegfried, qui a étudié ces décisions dans les rapports annuels du *Département du travail*, nous dit qu'il ne s'agit pas d'ordinaire de conflits relatifs à un cas spécial et soigneusement délimité, mais plutôt du règlement général de toutes les conditions du travail dans une usine donnée, parfois même dans une industrie tout entière. Minimum de salaires, prix des heures supplémentaires, durée du travail, travail aux pièces, nombre des apprentis, préférence à donner pour l'embauchage aux ouvriers syndiqués, voilà les points sur lesquels la Cour d'arbitrage a constamment à se prononcer et sur lesquels elle a précédé la loi, et souvent créé de toutes pièces une réglementation par voie de véritables arrêts de règlement. Il est facile de comprendre, en effet, que lorsque les ouvriers de Dunedin, par exemple, ont obtenu un avantage, ceux de Wellington ou d'Auckland ne tardent pas, sous un prétexte ou sous un autre, à s'adresser à la Cour pour l'obtenir également. Et la Cour, étant toute-puissante, hésitera à se déjuger et finira généralement par accorder ce qui lui est demandé. Lors de la révision générale de la loi, en 1900, on a même voté un amendement qui permet à la Cour de rendre des arrêts réglementaires s'appliquant à toute la colonie. Il faut lui rendre cette justice qu'elle n'a pas abusé de ce pouvoir, se rendant très bien compte que les conditions du travail ne peuvent être les mêmes dans toutes les parties d'une colonie aussi étendue que la Nouvelle-Zélande.

Cette Cour suprême d'arbitrage, jugeant en équité, possédant le redoutable pouvoir de réglementer, est une des autorités les plus considérables de la colonie. Aussi le gouvernement s'est-il toujours attaché à ne désigner comme présidents de la Cour d'arbitrage que des magistrats de valeur, investis de la confiance et du respect de tout le monde.

La loi sur l'arbitrage obligatoire a donc été appliquée, suivant son esprit sans doute et avec une bienveillance en faveur des ouvriers qui était inévitable, mais, en somme, avec modération.

Comment est-elle jugée par les intéressés et quels résultats économiques a-t-elle produits? La presque unanimité des patrons la supportent avec peine, la subissent sans l'accepter. Les ouvriers au contraire en sont devenus des partisans dévoués. Lorsqu'en

1891 M. Reeves présenta le projet de loi, les ouvriers l'accueillirent avec réserve; et il est possible qu'un changement dans l'orientation de la politique intérieure de la colonie fasse toucher du doigt aux ouvriers les inconvénients du système — arme à deux tranchants — et les en dégoûte. C'est ce qu'ont bien compris les ouvriers anglais lorsque au congrès des Trade-Unions, en 1899, ils ont repoussé à une grande majorité le vœu présenté par M. Ben-Tillet en faveur de la conciliation et de l'arbitrage officiels.

On prévoit aisément quelles ont pu être les conséquences économiques d'un tel régime : les ouvriers assurément en ont largement profité par la diminution de la durée de la journée de travail, l'augmentation des salaires et beaucoup d'autres avantages, dont la conséquence inévitable a été l'augmentation des prix de revient. La plupart des Néo-Zélandais semblent s'accommoder de ce régime. « Nous aimons mieux, disait l'un d'eux à M. A. Métin, produire pour nous seuls et garder nos lois ouvrières jusqu'à ce que le monde extérieur les ait adoptées. » Toujours est-il que les Néo-Zélandais en sont déjà réduits à opter entre la conservation jalouse de leurs lois sociales — sous la protection d'un tarif protecteur de 25 % *ad valorem* en moyenne — et la possibilité d'écouler leurs produits au dehors. Assurément les nations européennes, pour qui l'exportation est une nécessité, ne pourraient même pas poser la question; cela est bon pour un peuple neuf qui compte 800.000 habitants pour un territoire de 269.957 kilomètres carrés et que sa situation de Colonie anglaise et son isolement au milieu de l'océan dispensent des grosses dépenses que le souci de leur sécurité impose aux nations européennes.

Dans la question de la Fédération Australasienne ce sont surtout des raisons économiques qui ont décidé la Nouvelle-Zélande à rester en dehors de la Fédération; sans doute la crainte de voir leur « personnalité » s'absorber dans une union avec le continent australien, tellement plus vaste que leur île, y a été pour quelque chose, mais la Fédération impliquait l'adoption d'un tarif fédéral et un régime de libre-échange avec les pays engagés dans les liens de la même Fédération. C'est ce que les Néo-Zélandais ne pouvaient admettre; « crainte de la concurrence mondiale, si le tarif fédéral n'est pas suffisamment élevé; crainte de la concurrence australienne par suite du libre-échange intercolonial, voilà, écrit M. Siegfried, quels ont été les arguments des industriels contre le projet de Fédération ».

## Australie.

Nous avons dû nous étendre un peu sur la législation de la Nouvelle-Zélande; nous serons au contraire très bref sur la législation des cinq colonies d'Australie. Nous parlons de législation, car, dans ces pays où l'État a pris l'habitude de s'occuper de tout, l'initiative privée se décourage ou se désintéresse. Tout au plus peut-on signaler quelques conseils privés, qui ont fonctionné autrefois dans quelques industries et notamment dans l'industrie de la chaussure. Mais tout cela remonte à la période qui précéda la grande grève de 1890; on sait que depuis lors les ouvriers australiens se sont dégoûtés des grèves, qu'ils se sont tournés vers la politique et que les revendications ouvrières ont pris la forme de projets de loi.

Le *Queensland* a voté, le 30 mars 1892, une loi investissant le juge de paix de chaque district du droit de concilier, sans frais et suivant une procédure très simplifiée, les parties qui auraient recours à ses bons offices. Mais il ne semble pas que cette loi ait eu le moindre résultat ; elle n'a pas pu en tous cas empêcher des grèves très longues et très fréquentes de désoler la contrée.

En *Victoria* des tentatives assez nombreuses furent faites pour organiser légalement la conciliation et l'arbitrage, mais elles ne purent aboutir.

Par contre, les États de *Nouvelle-Galles du Sud* et de *Sud-Australie* ont pu voter des lois sur cet objet. Nous allons les analyser rapidement.

L'État de *Nouvelle-Galles du Sud* a voté, en 1892, une loi qui s'applique à tous les patrons syndiqués ou non et aux ouvriers faisant partie d'un syndicat de dix membres au moins. Elle organise un Conseil de conciliation formé de seize membres et une Cour d'arbitrage composée de trois arbitres; ces deux institutions ayant juridiction sur toute la colonie et étant composées de membres élus par moitié par les patrons et les ouvriers.

Les recours à la conciliation et aussi à l'arbitrage, après échec de la tentative de conciliation, sont facultatifs. La sentence arbitrale est publiée au *Journal officiel,* mais elle n'oblige les parties que si celles-ci l'ont expressément acceptée. Cette loi n'a produit aucun résultat et, pour donner une idée de l'indifférence des ouvriers, il suffira de dire que le

Secrétaire de la Cour d'arbitrage, ayant prié les 102 syndicats ouvriers d'y adhérer par une clause de leurs statuts, ne reçut que cinq réponses.

En présence d'aussi maigres résultats, on élabora en 1895 une loi sur l'arbitrage obligatoire, mais il fut impossible d'aboutir. Une nouvelle loi fut pourtant votée en 1899. Elle donne, en cas de conflit, au gouvernement le pouvoir de : 1° faire une enquête ordinaire; 2° d'inviter les parties à faire une tentative de conciliation; 3° en cas d'échec de la tentative, d'ordonner, si une des parties le demande, une enquête publique; 4° dans le même cas, de nommer un ou plusieurs conciliateurs; 5°, si les deux parties le demandent, de nommer un arbitre. Aucune disposition n'est prise pour rendre obligatoire l'exécution des arrêts d'arbitrage. Il ne semble pas que cette nouvelle loi ait produit des résultats appréciables.

La loi de *Sud-Australie*, votée le 21 décembre 1894, est applicable aux patrons isolés ou groupés en Unions et aux ouvriers syndiqués, mais à la condition seulement qu'ils aient « déclaré » vouloir s'y soumettre, ou qu'ils fassent partie du corps électoral chargé d'élire les conseils locaux de conciliation (qui n'ont jamais été constitués). La loi crée un Conseil central de conciliation, composé de sept conseillers, qui possède le droit de juger les conflits qui lui sont soumis et aussi d'intervenir d'office dans les contestations entre parties s'étant fait « inscrire », ou même de se faire autoriser par le Gouverneur à évoquer un conflit quelconque. Cette loi assez compliquée n'a produit aucun résultat; les patrons y ont fait une opposition systématique et les ouvriers semblent s'en être complètement désintéressés. En mai 1899, cinq ans après le vote de la loi, aucun syndicat ouvrier ne s'était fait « inscrire ».

Depuis 1900, date de la Fédération australienne, la question a changé d'aspect : l'article 51 du pacte fédéral donne à la Fédération le droit de légiférer sur la question de la conciliation et de l'arbitrage et il semble bien que ce soit le système néo-zélandais qui ait toutes les faveurs du législateur. Néanmoins l'adoption de ce système rencontre de vives oppositions et c'est précisément sur la question de l'arbitrage obligatoire qu'est tombé, au mois d'août 1904, le ministère ouvrier australien (ministère Watson).

Pourtant l'*Annuaire de législation du travail* nous donne (1900, p. 603, et 1901, p. 225) le texte de deux lois postérieures à la Fédération appliquant à l'*Australie occidentale* et à la *Nouvelles-Galles du Sud* l'arbitrage obligatoire selon le système néo-zélandais. L'État de *Nouvelle-Galles* n'organise même que l'arbitrage, laissant les parties libres de tenter la conciliation. Auparavant le même État avait fait une tentative infructueuse pour appliquer le système français de la loi de 1892 (loi du 22 avril 1899).

Nous ne voulons pas analyser ces deux lois ; l'activité législative des Australiens multiplie les textes avec tant de facilité, qu'on ne saurait songer à étudier des lois qui sont sans cesse modifiées et remplacées. Cependant le gouvernement de la *Nouvelle-Galles du Sud* ayant publié le compte rendu officiel des opérations de la cour d'arbitrage pour la première année, il peut être intéressant de résumer ce document.

La loi néo-galloise du 10 décembre 1901 nous apparaît comme une aggravation de la législation néo-zélandaise; les frêles barrières que celle-ci avait opposées à la toute-puissance de la Cour ont disparu dans celle-là.

Il n'y a plus de Conseils de conciliation et la Cour d'arbitrage juge tous les conflits du travail, depuis les plus simples jusqu'aux plus graves. Elle est composée de trois membres nommés pour trois ans et touchant un traitement de 18.750 francs : un juge du tribunal suprême faisant fonctions de président et deux assesseurs. Bien entendu, les pouvoirs qu'ils possèdent sont des plus vastes : ils peuvent refuser de statuer si la contestation leur paraît ne pas mériter une décision ou devoir s'arranger toute seule, juger sans faire appeler les parties, les condamner aux dépens (qui sont toujours très élevés), entendre des témoins, ordonner la production des livres de commerce, etc. La compétence de la cour s'étend à tous les patrons et à tous les ouvriers, qu'ils soient ou non membres d'une association; la procédure est mise en mouvement aussitôt qu'un conflit se manifeste et les intéressés qui se mettraient en grève ou feraient un lock-out, s'exposeraient à une amende qui peut atteindre 25.000 francs et à un emprisonnement qui peut aller jusqu'à deux mois.

La Cour a des pouvoirs absolument exorbitants. Elle peut modifier à son gré le contrat de travail en litige, ou imposer des conditions nouvelles; elle peut, en particulier, fixer un salaire minimum et le salaire des demi-ouvriers; elle peut également, à propos d'un cas particulier, déclarer que toute pratique ou règlement relatif à une question industrielle deviendra la règle dans l'industrie intéressée et fixer les limites géographiques du territoire dans lequel cette règle sera imposée à tous. Bref, elle est absolument omnipotente pour refaire à son gré le contrat de travail et il ne faut pas oublier que ses décisions sont exécutoires par toutes voies de droit.

Quel usage fait-elle de ce pouvoir absolu et quels sont les principes dont s'inspirent ses membres dans son exercice? Le président de la cour, M. Cohen, s'en est expliqué sans mystère. « Les conflits portent le plus souvent, dit-il, sur les questions de salaires. Pour fixer le taux de ces salaires, la Cour ne se place pas seulement au point de vue des lois naturelles de l'offre et de la demande et de la recherche de la valeur actuelle du travail fourni par l'ouvrier; elle examine d'abord quelles sont les nécessités de la vie de l'ouvrier et recherche quel est le salaire minimum qui lui permettra de satisfaire aux besoins moyens de sa classe. S'il paraît possible de lui accorder ce salaire sans ruiner l'industrie à laquelle l'ouvrier appartient, la Cour le fait. La Cour a coutume aussi de distinguer s'il s'agit d'une industrie soumise à la concurrence étrangère, ou d'une industrie qui ne peut s'exercer que dans le pays. Dans le premier cas, elle tient compte du fait que l'industriel ne peut élever ses prix au-dessus de ceux des articles de même nature importés de l'étranger; dans le second cas, l'industriel pouvant élever ses prix, la Cour a donc une plus grande latitude d'appréciation et en use pour accorder des conditions plus favorables aux ouvriers. »

On voit avec quelle aisance les membres de la Cour d'arbitrage établissent les conditions du travail, sans se soucier le moins du monde de savoir si celui qui a la responsabilité de l'entreprise, dont l'avenir est lié à sa réussite et qui sera ruiné par son échec, n'est pas le seul à pouvoir trancher des questions de ce genre. « J'estime, dit la Cour, que la « classe » à laquelle appartiennent vos ouvriers leur donne le droit de gagner deux dollars par jour; il est vrai que vous les avez engagés il y a peu de temps et qu'ils ont accepté un salaire moindre, mais la cour pense que vous pouvez, sans vous ruiner, les payer davantage. »

Est-il nécessaire de dire combien un tel pouvoir, entre les mains d'hommes irresponsables, est dangereux et combien il est à craindre qu'ils ne sachent pas toujours résister aux sollicitations du dehors, aux erreurs involontaires d'appréciation et à l'entraînement. Au reste, pour qu'il pût être remis sans trop de dangers entre les mains d'êtres humains, il faudrait que ceux-ci fussent infaillibles. Mais confier une telle puissance à des hommes soumis, comme tous les autres, aux sollicitations extérieures et aux erreurs, et leur permettre de prendre de telles décisions, sans même appeler les intéressés à les discuter et à fournir des explications, cela est la condamnation, par ses conséquences logiques, du système néo-zélandais.

La Cour, du 16 mai 1902 au 20 février 1903, a rendu huit décisions et, à cette date, il restait à son rôle 33 affaires en état d'être jugées et 22 en préparation.

## Canada.

Une loi du 18 juillet 1900, en même temps qu'elle organisait au Canada un service officiel de conciliation, a créé un *department of labor*, chargé de rassembler les documents relatifs à la statistique du travail et de les publier. Nous savons ainsi officiellement que le Canada, quoiqu'il soit un pays surtout agricole, n'est pas exempt des difficultés inhérentes à l'industrie. En 1901, on y a déclaré 101 grèves; 119 en 1902 et 167 en 1903. Au point de vue de la méthode de règlement, ces grèves se répartissent de la facon suivante [1] :

| | 1901 | 1902 | 1903 |
|---|---|---|---|
| Arbitrage | 5 | 6 | 6 |
| Conciliation | 6 | 5 | 14 |
| Négociations directes entre parties | 55 | 73 | 77 |
| Reprise du travail aux conditions du patron | 13 | 12 | 15 |
| Remplacement des grévistes | 13 | 20 | 26 |
| Résultats inconnus | 12 | 5 | 12 |
| | 104 | 121 | 150 |

Sur quatorze grèves réglées, en 1903, par la conciliation, cinq l'ont été par l'intermédiaire de la commission royale nommée pour faire une enquête sur les grèves de Colombie et quatre autres par l'intervention du département du travail (Loi du 18 juillet 1900). Ajoutons que les grèves réglées par

1. Ces chiffres sont empruntés à l'analyse du Rapport officiel publiée dans le *Bulletin de l'office du Travail* (1904, p. 633). Nous ne savons pas à quelle cause attribuer le défaut de concordance des totaux.

la conciliation et par l'arbitrage comprenaient les conflits les plus importants de l'année.

Le Canada possède trois lois sur le règlement des conflits du travail; deux sont spéciales aux mines et aux chemins de fer, la troisième s'applique à tous les conflits.

Commençons par cette dernière. Elle a été promulguée le 18 juillet 1900 et elle est la reproduction, presque sans changements, de la loi anglaise du 7 août 1896 que nous avons analysée. Le ministre canadien du travail joue le rôle imparti par la loi anglaise du ministre du commerce; la loi canadienne ne présente du reste aucune particularité à noter.

La loi du 31 mars 1890, relative à l'arbitrage dans les mines, est au contraire assez différente de la plupart des institutions existantes, surtout par le moyen imaginé pour rendre les ouvriers pécuniairement responsables des réclamations injustifiées qu'ils auraient pu présenter.

Quand un différend s'élève entre un patron et la majorité de ses ouvriers ou d'une catégorie de ses ouvriers, le commissaire des mines doit être saisi de la question par une plainte écrite et, jusqu'à ce que cette plainte soit jugée, le patron ne pourra pas baisser les prix ou renvoyer ses ouvriers, ni les ouvriers se mettre en grève. S'ils veulent recourir à l'arbitrage, les ouvriers tiennent une réunion, annoncée plusieurs jours à l'avance par affiches, et le certificat du président de cette réunion, affirmant que l'assemblée s'est prononcée en faveur d'un recours à l'arbitrage, saisit le commissaire des mines. Celui-ci procède à une première enquête et décide si l'affaire doit être soumise à un arbitrage.

Le conseil d'arbitrage est alors saisi. Il est composé, en principe, de cinq membres : deux sont nommés par le gouverneur à l'avance et pour un temps déterminé; les parties intéressées nomment chacune un arbitre et le cinquième arbitre est désigné par ceux qui ont été nommés par les parties.

Le patron est avisé officiellement que la procédure d'arbitrage est engagée; il peut retenir et déposer dans une banque privilégiée les salaires dus à ses ouvriers pour la quinzaine précédente, en y joignant une somme égale fournie par lui; le tout étant à l'ordre du Commissaire des mines. Cette somme ainsi déposée sera, en quelque sorte, l'enjeu de la discussion. Les ouvriers succombent-ils dans leur demande, ils seront privés des salaires consignés et le commissaire les remettra au patron. Le patron, au contraire, est-il déclaré dans son tort; les ouvriers recevront avec leurs salaires la somme déposée par le patron dans la banque. La sentence rendue est exécutoire; elle est enregistrée chez le greffier en chef et, sur la demande de la partie ayant obtenu gain de cause, la cour suprême la transforme en un jugement exécutoire comme un jugement ordinaire.

La loi du 10 juillet 1903 ne concerne que les conflits ouvriers éclatant dans l'industrie des chemins de fer. Le projet déposé en 1902 proclamait le principe de l'arbitrage obligatoire, mais le gouvernement avait déclaré qu'il ne voulait pas l'imposer et il consulta les compagnies et les unions ouvrières. Les compagnies ne répondirent guère et les unions émirent des avis presque tous défavorables au principe de l'arbitrage obligatoire. En conséquence, le ministre du travail rendit facultatif le recours à l'arbitrage; institua le principe du recours à la conciliation, supprima les amendes prévues pour la non-observation des sentences; remplaça les conseils permanents par des comités créés pour chaque affaire et il ne resta plus d'obligatoire que l'enquête officielle. La loi ne présente du reste aucune particularité intéressante.

# CHAPITRE VI

## PAYS DIVERS.

*Italie.* — Compétence du « Probiviri » en matière de conflits collectifs. — Résultats.
*Suisse.* — Loi du canton de Zurich, décembre 1895. — Loi du canton de Bâle-Ville, 20 mai 1897. — Loi du canton de Saint-Gall, 25 février 1902. — Loi du canton de Genève, 10 février 1900.
*Espagne.* — Compétence des commissions des réformes sociales. — Élaboration d'une législation du travail.
*Russie.* — Loi du 10 juin 1903 sur les délégués ouvriers.
*République Argentine.* — Projet d'ensemble d'une législation du travail.
*Suède et Norvège.* — Conseils communaux en Norvège. — Projet de loi en Suède.
*Roumanie.* — Loi du 5 mars 1902. Commissions d'arbitres dans les corporations de métiers.
*Danemark.* — Le Lock-Out de 1899. Convention entre l' « Association patronale danoise » et les « Unions fédérées ». — Conseil d'arbitrage. — Loi de 1901 permettant au président du conseil d'arbitrage de recevoir des témoignages comme un juge de droit commun.

### Italie.

Le problème des grèves à éviter et à solutionner, quand on n'a pas pu les éviter, le plus rapidement possible, plus généralement, la question des rapports entre le capital et le travail sollicitent impérieusement tous les gouvernements. L'Italie n'a pas échappé à ces préoccupations et la loi du 29 juin 1902 et le règlement du 29 janvier 1903, créant et organisant un Office du travail et un Conseil supérieur du travail, sont la manifestation des préoccupations du gouvernement.

Voilà plus de dix ans déjà qu'après bien des hésitations, attestées par sept projets de loi échelonnés sur une période de vingt ans, le gouvernement italien chercha à prévenir les grèves en arrêtant dès le début les causes de mécontentement individuelles, qui sont toujours susceptibles de se transformer en conflits collectifs. Ce fut l'objet de la loi du 15 juin 1893 sur les prud'hommes (probiviri) dans l'industrie et du règlement du 26 avril 1894.

Cette législation concerne surtout les conflits individuels, mais les membres du bureau de jugement, ou jury, peuvent aussi être appelés à jouer le rôle d'arbitres. Ce rôle ils ne sont, pour ainsi dire, jamais appelés à l'exercer. Du reste les intéressés, et particulièrement les industriels, ne paraissent pas très pressés de posséder des Conseils de prud'hommes là même où il en a été constitué par arrêté royal. En 1898, cinq ans après le vote de la loi, sur 81 collèges existants il n'y en avait que 32 qui fonctionnaient; dans les 49 autres les électeurs n'avaient pas été convoqués, ou bien ils s'étaient abstenus. A Milan même, ville très industrielle, en 1901, le nombre des abstentions fut très considérable : telle section comprenant 1.030 électeurs ne recueillit que 73 suffrages.

Un député italien, qui a bien voulu nous fournir des renseignements sur la question qui fait l'objet de ce travail, nous disait que la loi sur les prud'-

hommes a été nulle et sans effets en ce qui concerne les conflits collectifs. Au moment des grèves personne ne songe à s'adresser au tribunal des prud'hommes, mais on s'adresse bien plutôt aux préfets, sous-préfets, maires, etc. Les quelques bureaux provinciaux ou communaux du travail, sur lesquels on avait fondé quelque espoir, ont presque partout cédé le champ aux bourses du travail, qui sont d'ordinaire sous la main des socialistes. Quant aux comités de conciliation et d'arbitrage créés par l'initiative privée, ils sont certainement peu nombreux et de peu d'importance. En résumé, on peut dire qu'en Italie la conciliation et l'arbitrage dans les conflits collectifs ont été jusqu'à ce jour pratiqués à titre accidentel, en s'adressant à des médiateurs ou à des arbitres choisis par les parties suivant les circonstances et sans aucune organisation permanente.

## Suisse.

Divers cantons suisses ont une législation destinée à faciliter le règlement des conflits collectifs.

Signalons d'abord, pour suivre l'ordre chronologique, un projet élaboré en 1895 par le Conseil municipal de *Zurich*, sur la demande du grand Conseil. Ce projet reproduit les principales dispositions de la loi française du 27 décembre 1892, en remplaçant seulement le juge de paix par le président du Conseil municipal. Nous ignorons ce qu'il est advenu de ce projet. Une loi du 22 décembre 1895 a décidé que des tribunaux arbitraux industriels pourraient être institués par le Conseil cantonal, sur la demande des Conseils municipaux. Ils se composent d'un président choisi par le Tribunal de district et de deux juges, un patron et un ouvrier de la profession intéressée, élus par leurs pairs.

Le canton de *Bâle-Ville* possède une loi du 20 mai 1897 relative à l'établissement d'un Bureau de conciliation. Les deux parties intéressées, ou l'une d'entre elles, doivent adresser une demande de conciliation au Président du Conseil du Gouvernement, qui peut du reste prendre lui-même l'initiative lorsque les circonstances lui paraissent l'exiger. Il est alors constitué un Bureau de conciliation qui doit être composé, en dehors du président, d'un nombre égal de patrons et d'ouvriers de l'industrie intéressée ou d'experts de cette branche d'industrie. Le président est un membre du Conseil du Gouvernement ou un tiers non intéressé dans le conflit. S'il s'agit seulement d'un seul établissement, la tentative de conciliation peut avoir lieu simplement devant un membre délégué du Conseil de Gouvernement ou un tiers non intéressé. La seule sanction est la publication « dans la feuille cantonale » du refus de comparaître devant le Bureau de conciliation, avec les motifs donnés de ce refus, de l'accord intervenu devant le Bureau de conciliation et enfin, si la proposition d'arrangement a été repoussée, du contenu de cette proposition et des motifs allégués pour la repousser.

Cette organisation du canton de Bâle-Ville a été copiée à peu près textuellement par un arrêté du Conseil d'État du canton de *Saint-Gall*, du 25 février 1902.

La loi du *canton de Genève* est très différente. Elle date du 10 février 1900 et tend d'abord à fixer, dans chaque corps de métier, les tarifs et conditions d'engagement des ouvriers en matière de louage de services et de louage d'ouvrage. Ces tarifs sont établis par les associations de patrons et les associations d'ouvriers régulièrement enregistrées et, en l'absence d'associations, par les patrons et ouvriers de la profession, régulièrement établis à Genève depuis plus de trois mois.

Les articles 4 à 14 de la loi déterminent minutieusement la procédure à suivre pour réunir les délégués des associations ou des intéressés isolés (s'il n'existe pas d'associations) en vue de l'élaboration de ces tarifs, les moyens à prendre pour les concilier s'ils se trouvent en désaccord, et même la constitution d'un arbitrage pour établir le tarif en cas d'abstention ou de mauvaise volonté des intéressés.

Ces dispositions nous intéressent, car les articles 16 et 17 les déclarent applicables aux demandes de modification ou de complément de tarifs existants et « aux autres réclamations ou conflits de nature à entraîner une suspension générale ou partielle de travail; mise à l'index, etc. »

La tentative de conciliation a lieu devant le Conseil d'État, qui peut déléguer à cet effet un ou plusieurs de ses membres. La demande est introduite par une requête écrite contenant les noms, qualités, domiciles des représentants et l'objet du différend. Les représentants des intéressés sont convoqués par le délégué du Conseil d'État, qui tâche de les concilier et d'obtenir un vote rendu à la majorité des trois quarts et qui, s'il ne peut y parvenir, rédige un procès-verbal de non-conciliation.

Alors l'arbitrage obligatoire intervient. La commission centrale des prud'hommes convoque à son tour les délégués, en nomme d'office si les intéressés refusent de le faire et, à la majorité des membres présents et au scrutin secret, prononce une sentence. L'exécution de cette sentence est obligatoire puisque ceux qui l'ont rendue ont le pouvoir de fixer en cette forme les conditions du travail, pour une période de cinq ans, et que toute cessation générale du travail pendant la durée d'application d'un tarif est interdite par l'article 15. L'art. 18 punit même de peines de police « sans préjudice des peines prévues à l'art. 106 du Code Pénal et de toutes autres sanctions civiles ou pénales prévues par les lois existantes » les auteurs, éditeurs et imprimeurs d'un appel à une suspension partielle ou générale du travail en violation des tarifs existants. Il est à craindre que cette législation ne soit impuissante à empêcher les grèves comme ses auteurs l'espéraient; elle n'a pas pu, en tout cas, conjurer la terrible grève des tramways de Genève en 1902.

Ajoutons que le Secrétariat ouvrier suisse a publié récemment une statistique des grèves et des conflits collectifs signalés au cours de l'année 1903. Le nombre des grèves déclarées serait de 43 et celui des conflits collectifs de 105. Il n'est pas fait mention de l'action qu'ont pu exercer les institutions de conciliation et d'arbitrage existant en Suisse. Du reste la statistique est certainem . incomplète, beaucoup des questionnaires envoyés étant restés sans réponse.

## Espagne.

L'Espagne, avec ses importants gisements de minerai, est inévitablement destinée à connaître toutes les difficultés que crée l'existence des grands établissements industriels.

Dès aujourd'hui, son gouvernement s'est préoccupé de créer une législation ouvrière, qui puisse apporter au monde industriel une amélioration nécessaire de sa situation et, par cette satisfaction, arrêter, s'il est possible, les effets de la propagande révolutionnaire.

La série des lois, décrets et circulaires ministériels est déjà longue. Nous bornant à parler de ce qui fait l'objet spécial de cette étude, il nous faut signaler d'abord une ordonnance royale de 1902, relative aux travaux publics, qui soumet à l'arbitrage de la Commission locale des réformes sociales, toutes les contestations relatives à l'exécution des contrats intervenus entre les concessionnaires de travaux publics et leurs ouvriers.

Ces Commissions des réformes sociales ont été instituées par la loi du 13 mars 1900 et un décret rendu en 1902 en prescrit la formation partout où il n'en existe pas encore.

« Elles sont composées, dit M. Lepelletier (*Réforme sociale,* novembre 1902), de l'alcade, président, du curé et d'un nombre égal de patrons et d'ouvriers, avec un maximum de six représentants pour chaque catégorie. Elles ont pour mission d'intervenir comme arbitres dans les conflits entre patrons et ouvriers, de veiller à la salubrité et à l'hygiène des ateliers et des usines, de prendre l'initiative de toutes les réformes qui leur paraîtraient utiles à l'amélioration de la classe ouvrière, etc. Au-dessus d'elles, avec des attributions analogues, mais avec une juridiction plus étendue, puisqu'elle englobe toute la province, il doit être constitué une Commission provinciale composée du gouverneur, président, d'un médecin résidant dans la province et nommé par le Ministre de l'intérieur et des membres nommés par les commissions locales. »

Le Ministre de l'intérieur a soumis au Parlement espagnol, à la fin de l'année 1903, plusieurs importants projets de loi sur le droit de grève, les conseils de conciliation, les tribunaux industriels, le contrat de travail (Voyez notamment la *Revista social* de Barcelone, octobre et décembre 1903). En ce qui concerne les grèves, elles seraient déclarées licites en principe; mais toutefois elles entraîneraient l'application de peines sévères, au cas où les grévistes auraient recours à des violences et à des menaces, ou tenteraient d'imposer l'admission ou le renvoi d'un ouvrier déterminé, ou d'arrêter le fonctionnement des services publics, ou de détruire les récoltes ou les cargaisons, etc. etc. Les Conseils de conciliation se composeront de patrons et d'ouvriers en nombre égal, et ils auront pour mission de résoudre les différends survenus entre les uns et les autres. En cas de conflit, les patrons et les ouvriers devront en informer le président du Conseil de conciliation, en exprimant leurs prétentions réciproques. L'Alcade aura également le devoir de saisir le Conseil de conciliation. Les Tribunaux industriels jouiront d'une compétence plus vaste : inspection des usines, établissement de statistiques du travail, accidents du travail, apprentissage. Leurs membres seront élus au suffrage universel par les patrons et les ouvriers majeurs de vingt-cinq ans, dans chaque circonscription judiciaire. Leurs décisions seront soumises au recours en cassation.

Il nous semble inutile d'entrer dans plus de détails sur ces projets, qui peuvent être plus ou moins profondément modifiés lors de la discussion publique. Le fait à retenir est l'activité dont l'Espagne fait preuve en ce moment pour créer une législation ouvrière, qui donne satisfaction aux revendications légitimes des travailleurs.

## Russie.

On ne s'attend pas assurément à rencontrer en Russie des institutions de conciliation et d'arbitrage ; l'état politique du pays ne s'y prêterait guère. En principe, les grèves sont interdites. La petite industrie est organisée en Corporations obligatoires datant du règne de Catherine II et ces corporations, qui possèdent un patrimoine important, ont une assez grande autonomie. Elles comportent un Comité qui a le pouvoir de trancher les différends comme de surveiller le travail.

Pourtant, en présence du développement rapide de la grande industrie en Russie, on peut prévoir le moment où des institutions plus modernes s'imposeront. Il convient de signaler, dans cet ordre d'idées, une loi du 10 juin 1903, qui donne aux chefs d'établissement le droit d'établir des délégués ouvriers (doyens) chargés d'être les intermédiaires entre le personnel et la direction de l'exploitation. Le patron choisit lui-même les délégués parmi plusieurs candidats proposés à son choix par les divers groupes de ses ouvriers. Les délégués exposent aux directeurs de l'entreprise les besoins et les *desiderata* des ouvriers et transmettent à leurs camarades les décisions prises, ainsi que la suite donnée aux requêtes. Ils peuvent convoquer les membres de leur groupe à des réunions, pour discuter sur « les conditions du contrat de louage et les conditions générales de l'existence dans l'établissement » ; ils peuvent aussi se réunir entre eux pour l'étude des questions qui intéressent plusieurs groupes. Ce sont les directeurs de l'entreprise qui fixent le lieu et la date de ces réunions. Ajoutons que l'autorité a dû approuver, avant leur mise à exécution, les règlements de ces organisations de délégués et que le gouverneur a le droit de relever de leurs fonctions les délégués qui ne les remplissent pas convenablement. Cette loi nous a semblé intéressante à signaler [1].

## République Argentine.

Le président de la République Argentine, dans son message aux Chambres du 5 mai dernier (1904), a

1. Le développement de la grande industrie en Russie a imposé à l'attention du gouvernement l'étude des réformes sociales. C'est ainsi qu'une loi du 2 juillet 1903 a organisé un système de réparation des accidents du travail, basé, comme le système français, sur les principes du risque professionnel, de l'indemnité forfaitaire et de la responsabilité présumée du chef d'entreprise.

formellement promis le dépôt d'un projet de loi sur le travail. « Ce projet, dit-il, qui se propose de réglementer le travail et ses relations avec le capital, n'a pas la prétention d'avoir résolu parfaitement ce grave problème. Il s'est inspiré des nécessités évidentes et des formules adoptées par les nations qui possèdent la meilleure législation sur ce sujet. Son esprit général est d'améliorer la condition de la classe ouvrière et industrielle, en offrant des moyens permanents de conciliation sur les bases de l'équité et de la justice, et de fonder un état de paix dans les rapports réciproques des patrons et des ouvriers, si nécessaire à l'accroissement de la richesse publique. »

Ce projet, dont nous trouvons une analyse dans le *Boletin industrial* de Buenos-Ayres, tend à créer un véritable code du travail. Au moment des grandes grèves des chemins de fer en février et mars et des arrimeurs du port de Buenos-Ayres en avril 1903, le gouvernement a abordé en face la question des réformes ouvrières ; il a envoyé des commissaires pour étudier les législations existantes et les résultats qu'elles ont donnés, et il a arrêté enfin les termes d'un projet, qui comprend toute la législation du travail. Le titre XIIIe et dernier est consacré à la conciliation et à l'arbitrage ; il prévoit la création de Comités de conciliation et d'une Cour centrale d'arbitrage et règle la forme des sentences de cette cour et les moyens d'en assurer l'exécution.

## Suède et Norvège.

La Norvège possède des *Conseils communaux de*

*conciliation*, mais ces institutions, qui rendent de très grands services et qui ressemblent beaucoup à nos justices de paix, n'ont aucune compétence spéciale en matière de conflits entre patrons et ouvriers. La confiance dont ils jouissent pourrait les rendre aptes à jouer le rôle de conciliateurs (en 1888, 88 % des affaires examinées par eux n'ont pas été portées plus loin par les plaideurs), mais ni leur composition, ni la législation ne leur donnent aucune compétence spéciale dans les conflits du travail : ce sont des juges de paix.

En Suède, dans les séances des 25 et 26 avril 1899, les deux Chambres ont pris l'initiative d'élaborer un projet de loi tendant à la création de Conseils d'arbitrage, dont la compétence serait nettement appliquée aux conflits du travail. Ces tribunaux spéciaux devaient être permanents, composés en nombre égal de représentants des patrons et des ouvriers et leur juridiction ne devait être que facultative, les parties ne pouvant pas être contraintes de se présenter devant eux. Il est très probable que le gouvernement a, sur cet avis des Chambres, mis la question à l'étude, mais nous n'avons pas trouvé dans les recueils de législation étrangère de loi suédoise sur ce sujet.

## Roumanie.

Une loi du 5 mars 1902 réglemente minutieusement l'exercice de l'industrie et des métiers en Roumanie. Les artisans, exerçant dans la même commune le même métier ou des métiers similaires, peuvent former une corporation, qui est une personne morale à capacité limitée et qui doit notamment « habituer les artisans à soumettre à la Commission d'arbitres les différends existant entre eux ». Ces Commissions d'arbitres sont composées du commissaire du gouvernement, président, de deux membres élus par les patrons et de deux membres élus par les ouvriers, pour trois ans. Les parties se présentent seules, sans conseils, devant la Commission; on tente d'abord la conciliation, puis on a recours à l'arbitrage. La sentence rendue est définitive et exécutoire, mais elle peut être frappée d'appel dans certains cas et, lorsqu'elle cause à l'une des parties un dommage grave, son exécution peut être suspendue.

## Danemark.

Il y a eu, en 1902, en Danemark 65 grèves (il y en avait eu 111 en 1897; 147 en 1898; 98 en 1899; 82 en 1900 et 56 en 1901). Dans 21 cas les conflits ont été réglés par la conciliation et dans 5 cas par l'arbitrage. Les chiffres correspondants avaient été en 1901, 22 et 2. La conciliation et l'arbitrage produisent donc de très bons résultats en Danemark, puisqu'ils ont amené la solution de 40 % et de 43 % des conflits du travail en 1901 et en 1902; cependant le Danemark ne possède pas de conseils officiels d'arbitrage. Voici comment la conciliation des conflits du travail est organisée.

En 1899 un lock-out éclata dans l'industrie du bâtiment; un comité, créé l'année précédente pour éviter les grèves, offrit sa médiation, mais elle ne fut pas acceptée et, en présence de cet échec, il décida de se dissoudre. Cependant le *lock-out* se termina le 1er septembre 1899 par un accord intervenu entre l'« Association patronale danoise » et les « Unions fédérées » qui mériterait d'être rapporté *in extenso*.

Les deux Fédérations stipulent expressément au nom de tous leurs membres et prennent l'engagement d'assurer l'exécution des conventions et contrats de travail passés par elles. Elles établissent d'un commun accord les principes dont elles s'inspireront dans les affaires qu'elles traiteront ensemble : droit pour chaque association de recourir à la grève, mais avec l'engagement de se prévenir en ce cas à deux reprises, quinze jours et huit jours avant de cesser ou d'arrêter le travail ; droit pour le patron de diriger et de distribuer le travail à son gré et d'employer le nombre d'ouvriers qu'il jugera nécessaire ; droit pour l'ouvrier de fournir, sans en être empêché par aucun syndicat, selon son droit naturel, autant d'ouvrage et d'aussi bon ouvrage que le lui permettent sa capacité et son instruction. Et, comme il faut bien prévoir que des conflits se produiront, on décide que ces conflits feront l'objet d'une tentative de conciliation devant une commission mixte et d'un recours devant la cour d'appel de Copenhague, en attendant que le gouvernement ait créé un tribunal d'arbitrage, pouvant, comme les tribunaux ordinaires, recevoir des témoignages et statuant en dernier ressort sur les litiges *entre patrons et ouvriers représentés par leurs fédérations respectives.*

Le gouvernement danois n'a pas déféré aux désirs des deux Fédérations et il a préféré leur laisser le soin de constituer elles-mêmes le Conseil permanent d'arbitrage. Cette création a été réalisée le 27 janvier 1900. Le Conseil d'arbitrage est composé de sept membres dont trois nommés par chaque partie; le président étant choisi parmi les juristes danois.

Cette fondation faite, le gouvernement a, par une loi dont le projet a été déposé quinze jours après — 10 février — accordé au Conseil permanent les pouvoirs qui lui étaient nécessaires pour remplir utilement et complètement le rôle qui lui était confié.

Aux termes de cette loi, lorsque deux associations centrales auront conclu un accord du genre de celui que nous venons de rapporter et décidé que les contestations relatives à cet accord seront soumises à un conseil d'arbitrage, une ordonnance royale pourra, à la condition que le Conseil d'arbitrage siège à Copenhague et que le président choisi soit dans les conditions exigées par la loi pour remplir les fonctions de juge dans un tribunal ordinaire, permettre au président du Conseil d'arbitrage de recevoir, seul et sans assesseurs, les dépositions des témoins, comme le ferait un juge ordinaire. Les citations sont données par les huissiers de la Cour ou des districts; les témoins sont tenus de déposer et sont entendus suivant les formes ordinaires; la sentence rendue est susceptible d'appel devant la cour de Copenhague, comme les jugements des tribunaux ordinaires.

L'ordonnance royale peut être rapportée si elle a donné lieu à des abus, ou si le président a cessé de remplir les conditions exigées, ou si les Fédérations ou le Conseil d'arbitrage ont subi des modifications essentielles.

Cette législation mérite d'être signalée. En revêtant, sous certaines garanties de capacité et d'honorabilité, l'homme qui a la confiance des intéressés des pouvoirs réservés d'ordinaire aux juges de droit commun, elle a trouvé un moyen ingénieux de réunir dans une même institution les avantages des conseils privés et ceux des tribunaux officiels d'arbitrage et d'offrir aux justiciables la juridiction en laquelle ils ont le plus de raisons d'avoir confiance, puisqu'ils l'ont choisie eux-mêmes.

# DEUXIÈME PARTIE

## LA FRANCE

---

## CHAPITRE PREMIER

### ŒUVRE DE L'INITIATIVE PRIVÉE.

Recours accidentels à la conciliation et à l'arbitrage. — Clauses de recours à l'arbitrage dans les statuts de syndicats. — Étude de quelques institutions permanentes : Le conseil syndical mixte de la papeterie; la commission arbitrale permanente des typographes de Rouen; la commission arbitrale mixte des ouvriers du meuble sculpté; la blanchisserie parisienne; le syndicat mixte de patronnes et ouvrières porcelainières; le syndicat national des ouvriers d'art; les coiffeurs de Paris; la conciliation et l'arbitrage dans l'industrie typographique; la fédération des travailleurs du livre; autres fédérations nationales et internationales; l'échelle mobile des mines de Saint-Laurs; les conseils de conciliation et d'arbitrage des syndicats mixtes de l'industrie roubaisienne et tourquennaise; la commission d'arbitrage du rayon industriel de Cholet; le conseil d'usine du Val des bois; le conseil d'usine de la grande imprimerie de Blois; les délégués ouvriers du Creusot.

### La France.

C'est ici l'objet principal de notre étude, et la revue de droit comparé que nous venons de faire n'avait pas d'autre but que de nous mieux permettre de juger l'état de la question en France, en nous fournissant des points de comparaison.

Nous étudierons ici successivement l'*œuvre de l'initiative privée* — c'est-à-dire les institutions permanentes, organisées en différents lieux et dans diverses industries, pour amener la solution des conflits collectifs et surtout pour les prévenir — et ensuite l'*œuvre législative* — c'est-à-dire les cinq projets de loi soumis aux Chambres depuis 1886 jusqu'en 1892; la loi du 27 décembre 1892 et les résultats qu'elle a donnés; les quinze propositions de loi déposées depuis lors et tendant à la modifier ou à la remplacer, et tout particulièrement le projet Millerand; enfin l'organisation par décret des conseils du travail, en tant qu'ils touchent à la question de la conciliation et de l'arbitrage.

## Œuvre de l'initiative privée.

On comprend aisément que toutes les fois qu'un conflit du travail s'est produit, l'idée a dû venir aux intéressés de négocier entre eux, soit avant d'engager la lutte, soit dans le but d'y mettre un terme, ou bien de faire appel à une tierce personne, en possession de l'estime et de la confiance de tous, et de lui demander de solutionner le différend. Il est donc facile de trouver des exemples de conciliation et d'arbitrage assez nombreux. Mais il serait inutile de les rechercher et d'en rapporter un grand nombre.

Notons cependant qu'il est nécessaire que les intéressés possèdent une certaine expérience économique pour bien comprendre les avantages et les conditions de fonctionnement d'un arbitrage. C'est ainsi, qu'en 1845, lors de la terrible grève suscitée à Paris par les Compagnons charpentiers, les patrons ayant proposé l'arbitrage soit de M. de Rambuteau, préfet de la Seine, soit de M. Delessert, préfet de police, se heurtèrent à un refus des ouvriers. Les patrons, disaient-ils, ne risquent rien dans la sentence de l'arbitre, puisque les majorations de salaires ne tomberont pas à leur charge mais à la charge des clients. Les ouvriers, au contraire, « risquent de voir leur prétention réduite d'une quantité quelconque; une *erreur* de l'arbitre peut donc leur causer un dommage réel ».

Depuis lors, il ne s'est pas produit une seule grève importante qui n'ait provoqué des tentatives de conciliation ou des propositions d'arbitrage; l'idée est entrée dans les mœurs.

Ce que l'on rencontre moins souvent que ces recours accidentels — mais ce qui est aussi beaucoup plus intéressant à constater — c'est l'existence d'organes permanents de conciliation et d'arbitrage, ou même simplement de clauses de statuts obligeant les membres d'une association, corporation ou Fédération à épuiser les moyens de conciliation avant d'avoir recours à la grève.

On pourrait trouver de telles clauses à une époque très ancienne. C'est ainsi que l'Ordonnance des tailleurs de pierre de Strasbourg, en 1459, contenait un article 14 ainsi conçu : « Quand des dissensions s'élèveront entre maîtres et maîtres, maîtres et ouvriers, ouvriers et ouvriers, on formera un conseil qui terminera le différend, mais, jusqu'au jour du jugement, il ne devra y avoir, de la part des mécontents, aucune interruption dans les travaux. » L'article 9 de la même ordonnance bannissait à jamais de la société le compagnon qui quitterait brusquement son maître en pareille circonstance [1]. De tels exemples sont rares et celui que nous venons de citer est le seul qui soit parvenu à notre connaissance.

Nous allons maintenant passer en revue les institutions de conciliation et d'arbitrage organisées en France par l'initiative privée; nous avons pu en relever un certain nombre, mais certainement la liste que nous donnons est très incomplète.

Nous avons mis à contribution pour l'établir surtout les documents officiels : les publications de l'Office du travail sur la *conciliation et l'arbitrage,* sur les *associations professionnelles ouvrières;* le Bulletin de l'Office du travail. Nous avons pu obtenir sur certaines organisations des renseignements privés, mais nous n'avons pas cherché à signaler ce que nous pourrions appeler de simples vœux de concorde et appels plus ou moins platoniques à la conciliation, que l'on rencontre dans un très grand nombre de statuts de syndicats. Il faut, en effet, se souvenir que, lors de la loi du 27 décembre 1892, les clauses relatives à l'arbitrage étaient très nombreuses dans les statuts de syndicats. L'Office du travail en signalait 144 (sur 1.212) pour les syndicats patronaux; 648 (sur 1.588) pour les syndicats ouvriers et 24 (sur 147) pour les syndicats mixtes.

Nul doute que si ces bonnes volontés étaient réelles

1. Levasseur, *Histoire des classes ouvrières en France jusqu'à la Révolution,* Paris, Guillaumin, 1859, t. Ier, p. 507.

on n'arrivât à diminuer la fréquence et la gravité des conflits, mais on sait que la statistique constate un résultat inverse. Nous n'avons donc parlé que des organisations qui existent réellement, qui fonctionnent, dont nous avons pu connaître les statuts.

Quant aux résultats obtenus, il est toujours très difficile d'en avoir connaissance : ce qui permet de supposer que trop souvent ils n'ont pas été en proportion des efforts et des bonnes volontés.

Il convient de signaler d'abord, en suivant l'ordre chronologique, *le Conseil syndical mixte de la papeterie,* qui fut fondé en 1873 sur l'initiative de la Chambre patronale. Il comprend seize membres (8 délégués par la Chambre patronale et 8 délégués par la Chambre ouvrière); sa mission est de « concilier tout différend qui pourrait s'élever, à raison du travail, entre un patron et un ouvrier, et serait volontairement porté devant lui, avant tout recours à la juridiction des prud'hommes ». En cas de conflit collectif « entre le groupe entier des patrons et le groupe entier des ouvriers, dit l'article 2 du règlement, le conseil mixte devra se réunir et tenter tous ses efforts pour rétablir la bonne entente et prévenir les grèves ».

Dans une lettre qu'il écrivait en 1892 au directeur de l'Office du travail, M. Choquet, président, s'exprimait ainsi : « cette institution a produit les meilleurs résultats ; j'en trouve la preuve dans ce fait qu'aucune grève générale ou partielle ne s'est produite dans la corporation papetière depuis sa fondation, en 1874 ».

Il résulte des termes de la même lettre que le Conseil mixte ne s'est pas borné à jouer le rôle d'une sorte de Conseil des prud'hommes officieux, mais qu'il s'est efforcé d'assurer la réglementation de l'industrie du papier en vue d'écarter les discussions : « La réglementation amiable des salaires, dit encore M. Choquet, des us et coutumes corporatives, des heures de travail *etc.*, fixée d'un commun accord par les soins de ce comité, n'est pas restée à l'état d'œuvre absolument platonique, mais a donné lieu à des informations et des avertissements envoyés par circulaire aux intéressés, qui s'y sont généralement conformés, eu égard à l'autorité du groupe dont ils émanaient. »

Un autre exemple remarquable de commission mixte formée par les deux chambres syndicales, patronale et ouvrière, nous est fourni par la *Commission arbitrale permanente des typographes de Rouen.* Elle est composée de six membres, trois désignés par la Chambre syndicale ouvrière et trois par la Chambre syndicale patronale, et présidée à tour de rôle par un patron et par un ouvrier. En fait, elle ne se réunit jamais et, depuis sa fondation en 1877, elle n'a siégé qu'une seule fois. Elle existe cependant et régulièrement, chaque année, au mois de janvier, les deux Chambres syndicales se communiquent les noms des délégués choisis, en échangeant des souhaits de concorde. La Commission mixte a élaboré en 1877 un tarif qui est resté en vigueur jusqu'en 1882; à cette date le tarif a été révisé d'un commun accord, et en 1892 M. Robert, président du Syndicat ouvrier, en transmettant ces détails au président de l'Office du travail, pouvait légitimement s'applaudir de ce qu'aucune difficulté sérieuse ne s'était élevée depuis 1877 parmi les typographes de Rouen.

La Commission mixte pouvait-elle plus efficacement remplir la mission qui lui avait été confiée par les statuts : « établir entre les deux Chambres syndicales des rapports réguliers pour tout ce qui concerne les besoins de l'imprimerie et juger les différends qui viendraient à s'élever au sein de la typographie » ?

En 1880, à la suite d'une grève, fut créée la Commission arbitrale mixte des *ouvriers du meuble sculpté;* elle est composée de neuf patrons et de neuf ouvriers et divisée en trois sections comprenant chacune trois patrons et trois ouvriers : « qui pourront être convoqués, après les travaux terminés, pour régler les différends et cela à titre d'arbitrage volontaire, accepté solidairement, d'ores et déjà, par la corporation entière des patrons et ouvriers en meubles de la ville de Paris ».

Dix ans plus tard, en 1891, une entente s'établit entre plusieurs Chambres syndicales tant ouvrières que patronales de la *blanchisserie parisienne,* et, dans une réunion tenue à Boulogne-sur-Seine le 26 octobre 1891, on codifia « d'un commun accord, les conditions, us et coutumes, sous lesquels s'exerce le travail manuel dans les établissements de blanchisserie ». La même convention prévoit la constitution dans chaque grand centre de blanchisserie d'une « Chambre, dite du travail de la blanchisserie », composée de deux patrons et de deux ouvriers, dont le fonctionnement est rigoureusement réglé dans les articles suivants et qui est un véritable Conseil des prud'hommes officieux. Une de ces Chambres a été immédiatement formée à Boulogne-sur-Seine et fonctionna, dès la première année, très régulièrement.

La même année fut créé à Limoges un *syndicat mixte de patronnes et ouvrières porcelainières,* qui se proposait notamment de créer un conseil arbitral mixte; mais il ne semble pas que ce syndicat ait eu le moindre succès et ait même pu réaliser son projet. Plus heureux, *le syndicat national des ouvriers d'art* a créé, en 1892, un Conseil permanent de conciliation et d'arbitrage, qui comprend au maximum vingt délégués (dix patrons et dix ouvriers) et un arbitre permanent. Il y a un Bureau de conciliation, dont le rôle s'explique de lui-même, et un Bureau général, qui fait de l'arbitrage et qui, en cas de désaccord dans son sein, soumet le litige à l'arbitre permanent, dont la décision est définitive et obligatoire pour tous.

*Les coiffeurs de Paris* ont aussi, depuis le mois de juin 1894, une Commission arbitrale mixte, composée de vingt membres, ayant exclusivement compétence pour statuer sur les différends survenus entre syndiqués.

*La conciliation et l'arbitrage dans l'industrie typographique.* — Les typographes ont depuis très longtemps contracté l'habitude de l'association; pour n'en citer qu'un exemple : en 1822, sur 160 Sociétés de secours mutuels qui existaient à Paris, il n'y en avait pas moins de trente spéciales aux ouvriers de l'imprimerie; elles comptaient à la même époque 2.617 adhérents.

Les typographes, accoutumés ainsi aux versements réguliers des cotisations et à la nomination de collecteurs d'atelier, furent les premiers qui songèrent, en 1833, à la formation d'une association pour la défense des salaires. Ils soumirent, le 3 décembre, leur projet de tarif aux maîtres imprimeurs, mais le Parquet poursuivit les membres du bureau comme coupables du délit de coalition et la tentative échoua.

Des temps meilleurs étaient proches. A la suite de l'Exposition industrielle de 1839, les maîtres imprimeurs fondèrent la « Chambre des maîtres imprimeurs » et les ouvriers typographes formèrent de leur côté la « Société typographique de Paris », dont le fonctionnement dut rester secret pour échapper à la loi sur les coalitions. Ces deux organisations tombèrent d'accord, en 1842, pour nommer une Commission mixte chargée d'élaborer un tarif. Ainsi fut établi le tarif de 1843.

On avait décidé, en principe, la création d'une Commission mixte d'exécution, qui connaîtrait de toutes les contestations pouvant s'élever à l'occasion du tarif. Cette Commission ne fut jamais constituée mais, en fait, la Conférence mixte en joua le rôle. Les ouvriers qui avaient une réclamation à formuler s'adressaient au Comité de la Société typographique qui, s'il la reconnaissait fondée, la transmettait à la Conférence mixte. De 1843 à 1846, 30 différends furent ainsi réglés et 20 fois ils le furent conformément aux réclamations des ouvriers.

Ces heureux résultats rendirent les typographes hostiles à l'institution des Conseils de prud'hommes, qui leur semblaient ne pas offrir aux justiciables les mêmes garanties de compétence que leur Commission.

Le tarif de 1843 fut révisé en 1850 et la principale

innovation fut l'incorporation au tarif même d'un règlement pour le fonctionnement de la Commission arbitrale permanente (art. 46 à 50 du tarif). La Commission est mixte et se compose de 12 membres (6 patrons et 6 ouvriers); elle est renouvelée par moitié chaque année; on règle le mode d'élection des délégués etc. etc...

Cette Commission fonctionna normalement jusqu'en 1854. A cette date les patrons, trouvant qu'elle faisait double emploi avec le Conseil des prud'hommes, ne voulurent pas procéder au remplacement des membres sortants; les membres en fonctions continuèrent pourtant de siéger jusqu'en 1858; les patrons, ayant encore refusé à cette date de procéder aux élections, la Commission disparut après avoir rendu les plus grands services.

L'imprimerie était encore sous le régime du décret de 1810, qui limitait le nombre des imprimeurs et qui ne fut aboli qu'en 1870; de plus la législation de droit commun, interdisant les coalitions comme les associations, créait aux typographes désireux d'organiser leur industrie les plus grandes difficultés. Ils ne restaient pas cependant inactifs; ils fondèrent plusieurs imprimeries coopératives et leurs Sociétés de secours mutuels servaient de paravents à de véritables associations professionnelles.

Il en fut ainsi jusqu'au moment où la tolérance du gouvernement permit aux typographes de se tenir en une moindre réserve : le 8 août 1867 ils adoptèrent, sous forme d'appendice au règlement de la Société de secours mutuels, les statuts d'une véritable Chambre syndicale. Les articles 4, 5, 6 et 7 organisaient l'arbitrage pour les discussions relatives à l'application du tarif. Le sociétaire s'adressait à la chambre syndicale qui examinait sa réclamation; si elle la trouvait fondée, elle la transmettait au patron en l'invitant, s'il ne pouvait pas l'accepter, à la soumettre à l'arbitrage d'une commission composée par moitié de patrons et d'ouvriers. C'est seulement à défaut d'acceptation de cette proposition que la cause était portée devant le Conseil des prud'hommes. Ainsi, les typographes restaient fidèles à l'idée d'arbitrer entre eux leurs différends. Deux années auparavant, les statuts de l'Imprimerie Nouvelle — coopérative — soumettaient obligatoirement à l'arbitrage de la Société de secours mutuels toutes les difficultés relatives aux prix de main-d'œuvre.

Signalons encore l'art. 83 des statuts de la Chambre syndicale typographique qui stipule que « en cas de conflit pouvant amener une grève, le bureau de la chambre syndicale, avant de prendre une décision, devra toujours consulter le Comité central de la Fédération ».

Ceci nous amène à parler de la *Fédération des Travailleurs du Livre* qui, aujourd'hui, dans toutes les questions qui intéressent l'amélioration du sort des travailleurs du livre, a pris la direction effective de toute la campagne.

Elle a connu elle-même des luttes intestines; ses membres, tous également désireux de servir les intérêts de la profession, n'entendaient pas le faire par les mêmes moyens. Les partisans de l'émancipation par la création d'imprimeries coopératives furent d'abord les plus nombreux, mais la déconfiture, en 1884, de l'Imprimerie Nouvelle — coopérative — favorisa grandement la propagande des socialistes-révolutionnaires.

Actuellement, un groupe partisan de l'action syndicale pure, et très persuadé que pour établir des relations régulières entre ouvriers et patrons et discuter ensemble les conditions de travail, c'est un mauvais moyen que de se déclarer d'abord partisans de la suppression du patronat, soit par la coopération soit par la révolution, a pris la prépondérance dans la Fédération, grâce surtout à la situation personnelle de son chef, M. Keufer, délégué permanent de la Fédération.

La Fédération existe depuis 1881, date à laquelle elle tint son premier congrès à Paris; elle est une union de syndicats ou sections, conservant leur indépendance, sauf pour les questions prévues par les statuts de la fédération. Elle comptait en 1898, 136 sections comprenant 8.074 membres. Les statuts adoptés lors de ce premier congrès s'occupaient dans leur article 6 des conflits et de leur règlement; ils posaient le principe que « aucune grève ne pourra être déclarée avant que les moyens de conciliation aient été épuisés », puis ils disposaient que le Comité central devait être avisé de tout dissentiment, se produisant dans une section entre les patrons et les ouvriers.

Le Comité central, qui avait dans ses attributions (art. 10) « de servir d'arbitre, au besoin, entre les ouvriers et les patrons d'une section afin d'éviter les grèves, autant que possible,... de soutenir, selon les besoins des localités, les demandes d'augmentation de salaires ou de diminution d'heures de travail », pouvait dans ce cas déléguer un de ses membres.

Il usa de ce droit dès le début avec fruit et, dès la seconde année, le rapport du secrétaire permanent pouvait s'exprimer ainsi. « Dans le cours de notre mandat, plusieurs demandes de revision de tarifs nous ont été faites par diverses sections. Le Comité a répondu à toutes ces demandes en engageant nos confrères à présenter ce tarif aux patrons, à leur demander les observations qu'ils avaient à y faire, à en tenir compte dans la limite de la justice, enfin à épuiser tous les moyens de conciliation. Nous avons eu le bonheur d'obtenir de bons résultats dans diverses villes, à Clermont-Ferrand, à Laigle, à Charleville, à Cette, à Besançon, etc., et nous avons acquis la preuve que nous avions suivi la voie peut-être la plus lente, mais la plus sûre. » La Fédération continua à intervenir dans le même esprit dans les conflits intéressant les sections, et le règlement adopté par le troisième congrès (Paris, 1885) précisa encore la ligne de conduite adoptée, en formulant ce principe : sauf le cas d'abaissement de salaires, toute grève déclarée sans l'autorisation du Comité central restera à la charge de la section.

Au quatrième congrès (Paris, 1887), nouvelle déclaration; le Comité central déclare qu'il n'appuiera que les grèves suscitées par des tentatives faites contre des droits acquis, et préalablement approuvées par lui.

Au cinquième congrès (Paris, 1889) M. Keufer s'élevait vigoureusement contre cette idée que les cessations brusques et soudaines du travail étaient les plus sûres de réussir. « Je suis de plus en plus convaincu, disait-il, que, sans compromettre en rien les intérêts de la corporation, il y a tout à gagner à négocier lentement, en prenant les délais nécessaires, même pour quitter le travail; en agissant ainsi, bien des fautes, bien des échecs seraient évités et les tentatives de conciliation réussiraient mieux. »

Le sixième congrès (Paris, 1892) affirmait encore le principe que « dans aucun cas la grève ne devra être autorisée avant d'avoir épuisé tous les moyens de conciliation », et le septième congrès, tenu à Marseille en 1895, passait à l'ordre du jour sur la proposition des collectivistes d'adhérer au comité de la grève générale.

Nous ne pouvons examiner ici les cas dans lesquels le Comité central est intervenu dans les conflits avec l'esprit qu'on vient de voir; on en trouvera l'indication dans le premier volume de l'*enquête sur les Associations professionnelles ouvrières* publiée par l'Office du travail. Il nous suffira de constater que pour la période 1885-1898 (14 ans) la Fédération a dépensé pour frais de délégation (propagande syndicale et règlement de différends) 20.316 fr. 40; pour soutenir les grèves statutaires (autorisées) 175.184 fr. 75 et pour subsides aux grèves d'autres professions et aux grèves non statutaires 21.502 fr. 50.

Le septième congrès, qui fut tenu à Marseille, en 1895, coïncida avec le Congrès des Maîtres Imprimeurs de France, qui avait lieu cette année-là à Marseille [1].

La réunion des deux Congrès en même temps, dans la même ville, amena entre les deux organisa-

1. L'Union des maîtres imprimeurs de France groupe près d'un millier de patrons; elle a à Paris un comité central et une commission permanente et elle tient tous les ans un congrès dans une des grandes villes de France.

tions, patronale et ouvrière, une entente très désirable ; d'un commun accord on décida le principe de la création d'une Commission mixte nationale permanente composée de neuf patrons et de neuf ouvriers. Cette Commission se réunit pour la première fois à Paris, le 26 mai 1896, et se borna à nommer les membres d'une Commission permanente. A la deuxième session (19-20 mai 1897) on porta le nombre des membres de 18 à 24 et on chargea la Commission permanente de préparer un projet de création de Comités mixtes permanents, dans toutes les villes où existent des syndicats de patrons et d'ouvriers.

Le projet élaboré par la Commission permanente fut présenté au 6e Congrès des Maîtres Imprimeurs à Bordeaux, et adopté. On peut le résumer en quelques mots : il propose la création de Commissions mixtes d'arbitrage, composées de trois patrons et de trois ouvriers ; en cas de conflit, ces commissions tenteront de concilier les intéressés ; elles tâcheront, en cas d'échec, d'organiser un arbitrage ; si l'accord ne s'établit pas, la délégation de la Commission permanente jugera en dernier ressort ; si la délégation ne peut aboutir, chaque partie reprendra sa liberté.

Il ne semble pas que l'organisation désirée par les promoteurs de l'idée de la Commission mixte soit en voie de réalisation. Au Congrès de la Société d'économie sociale, tenu à Paris en 1904, M. Emmanuel Rivière, maître imprimeur à Blois et à Tours, qui fit pendant quatre ans partie de la Commission mixte, ne put citer qu'un seul exemple de Commission mixte — la même qui, au Congrès des Maîtres Imprimeurs de France, tenu à Paris en

1900, fit l'objet d'un rapport de M. Jobard, imprimeur à Dijon.

La création de cette Commission mixte locale à Dijon avait été décidée, dès le 5 juillet 1899, par le Syndicat patronal de Dijon et la section dijonnaise de la Fédération des Travailleurs du livre, mais elle ne put être organisée définitivement que le 5 décembre. Pendant cette période de formation elle eut cependant l'autorité morale suffisante pour aplanir un conflit, sans cessation de travail.

Les organisateurs eurent à créer de toutes pièces leur règlement intérieur, les résolutions du Congrès de Bordeaux ne contenant sur ce point que des indications vagues. Voici à quoi ils s'arrêtèrent : La commission mixte locale est composée de dix membres (trois titulaires et deux suppléants élus pour chaque groupe en assemblée générale, avec un mandat de trois ans). A Dijon on a fixé à 25 ans d'âge, qualité de Français, jouissance des droits civils et politiques et résidence dans la localité depuis plus d'un an les conditions d'éligibilité à la Commission mixte. On a sagement agi en réduisant au minimum les stipulations du règlement.

Depuis lors la Commission fonctionne régulièrement, tient des réunions toutes les fois que cela est nécessaire et M. Jobard assure que l'entente est parfaite et qu'il suffit, pour qu'il en soit ainsi, de ne pas oublier les principes fondamentaux qu'il formule ainsi : « une commission mixte n'a et ne saurait avoir qu'une mission de conciliation, de pacification. Elle est appelée à donner de bons conseils, non à prononcer de véritables jugements. Ses décisions ne peuvent bénéficier d'aucune sanction vraiment sérieuse, et pourtant, malgré cela, et peut-être à cause de cela, son action pacificatrice sera grande dès le début et ira toujours en augmentant ».

Enfin, M. Jobard estime que si les efforts de la Commission locale ne sont pas couronnés de succès, il convient d'en référer en dernier ressort à la Commission mixte siégeant à Paris, qui est le trait d'union entre l'Union des Maîtres imprimeurs et la Fédération des travailleurs du livre.

On le voit, les résultats obtenus jusqu'à ce jour ne sont pas encore bien décisifs ; mais il nous a paru qu'il était nécessaire de parler avec quelques détails de l'histoire des travailleurs du livre. Nous nous trouvons, en effet, en présence d'une organisation des plus intéressantes.

L'idée qui, en ce moment, guide les chefs de la Fédération est de combattre l'avilissement des salaires, d'augmenter le bien-être et la situation matérielle de ses membres et, pour atteindre ce but, ils ne croient pas à l'efficacité des moyens violents, mais ils préconisent l'emploi d'une politique de concessions mutuelles, de libre discussion des tarifs et des conditions du travail, sans aucune abdication de leurs droits de la part des ouvriers, mais aussi sans aucune hostilité systématique contre les patrons.

On ne peut désirer qu'une chose, que la direction de la Fédération reste entre les mains de ceux qui la dirigent actuellement et qu'elle ne tombe pas au pouvoir des collectivistes. Malheureusement il est permis de concevoir des craintes : la Fédération est très attaquée et, comme la faveur des foules va d'ordinaire aux excessifs, aux violents, aux faiseurs de promesses, le danger est grand. Signalons à ce sujet l'article de M. Emm. Rivière, publié dans l'*Association catholique* (et tiré à part) intitulé : Syndicats de façade et syndicats professionnels.

*Fédérations diverses, nationales et internationales.* — Les Fédérations, comme celle des travailleurs du livre, poursuivent l'amélioration des salaires par tous les moyens et notamment par la grève. Mais cette arme de la grève doit être maniée avec prudence; employée sans discernement, elle est souvent plus nuisible qu'utile à la classe ouvrière. De là les règles que nous avons vu proclamer par la Fédération des travailleurs du livre.

Les mêmes raisons ont fait adopter les mêmes règles par la plupart des Fédérations; destinées à multiplier par une entente les forces de résistance ou d'attaque des ouvriers, elles devaient se préoccuper avant tout de ne pas laisser s'éparpiller les efforts. Ainsi ont-elles fait.

*Le Secrétariat typographique international* dans son deuxième congrès (Berne, 1892) a réglementé minutieusement les conditions dans lesquelles les grèves seraient approuvées et soutenues pécuniairement par le bureau international. Il en est de même dans la Fédération (art. 14 et 15 des Statuts) et dans la Fédération internationale (art. 8 du règlement) des *Lithographes*. De même encore pour la *Fédération des syndicats de mégissiers;* pour la *Fédération des cuirs et peaux;* pour la *Fédération nationale des industries textiles;* pour la *Société générale des ouvriers chapeliers de France;* pour la *Fédération française des travailleurs du tonneau;* pour la *Fédération nationale des coupeurs, cam-*

*breurs et brocheurs de chaussures;* pour la *Fédération universelle des ouvriers gantiers*... etc.

Toujours, dans les statuts de ces Sociétés nous voyons proclamer ces deux principes : que la grève étant une arme coûteuse, on doit toujours épuiser avant d'y avoir recours les moyens de conciliation et que, sauf le cas « d'attaque patronale » (diminution de salaires, renvoi sans motifs d'ouvriers syndiqués, etc.), toute grève engagée sans l'assentiment de la fédération doit rester à la charge de la section qui l'a imprudemment engagée.

*Échelle mobile dans les mines de Saint-Laurs* (Deux-Sèvres). — A la suite d'une grève, qui dura du 4 février au 14 mars 1896, les intéressés adoptèrent une convention aux termes de laquelle « les ouvriers recevront, à titre d'augmentation de salaire, au fur et à mesure que les cours du charbon augmenteront, la moitié de cette augmentation, suivant une échelle mobile dont le minimum sera le cours actuel ».

Pour appliquer cette échelle mobile — la seule, pensons-nous, qui ait été signalée en France — M. A. Fontaine, ingénieur des mines, a été choisi par les deux parties comme arbitre, chargé de procéder tous les six mois à la vérification des comptes. Il a rempli plusieurs fois cette mission et, lors de la vérification du 4 août 1899, il a trouvé que les ouvriers avaient, pendant le semestre précédent, touché un salaire légèrement supérieur à celui qui aurait été strictement attribué par le fonctionnement de l'échelle mobile.

*Les Conseils de conciliation et d'arbitrage des syndicats mixtes de l'industrie Roubaisienne et*

*Tourquennaise.* — Un article de M. A. Boissard dans l'*Association catholique* (publié en tirage à part) nous apporte quelques détails sur une tentative intéressante. Les syndicats mixtes de Roubaix et de Tourcoing ont institué, en 1897, des Conseils permanents de conciliation et d'arbitrage.

Les statuts ont été élaborés par le Comité ouvrier d'études sociales du syndicat mixte de Roubaix, qui s'est inspiré des idées suivantes : les organismes à créer ne doivent être ni hostiles ni menaçants pour les patrons, mais les ouvriers qui y ont recours doivent avoir la certitude que leur réclamation sera examinée et, s'ils le désirent, que leurs noms ne seront pas divulgués ; de plus, les conseils doivent être désintéressés et, pour cela, les ouvriers ne se trouveront jamais en face de leur seul patron, ni le patron en face de ses seuls ouvriers.

On se trouve en réalité en présence d'une sorte de conseil de prud'hommes officieux, avec, en plus, le droit pour le Président de transmettre directement au patron, sans passer par la Conciliation, la réclamation formulée.

Si nous analysons les statuts du Conseil permanent de Roubaix, adoptés le 21 juin 1897 (ceux de Tourcoing sont à peu près identiques), nous y trouvons les caractéristiques suivantes. D'abord un Conseil corporatif arbitral composé de 24 délégués (dont 12 suppléants n'appartenant pas à la même usine que le titulaire). Pour constituer le Conseil il est choisi dans chaque catégorie de l'industrie : peignage, filature, tissage et teinture ; un délégué-patron et un suppléant, un délégué-ouvrier et un suppléant, un délégué-employé et un suppléant. Un président et un vice-président sont ensuite élus — en dehors du syndicat — par tous les membres du Conseil. Le fonctionnement est semblable à celui des conseils de prud'hommes. Il faut, pour être électeur, avoir vingt-cinq ans et être syndiqué depuis deux ans; pour être éligible, il faut avoir trente ans et être syndiqué depuis cinq ans. Le mandat est de deux ans; il est renouvelable. Il n'y a pas de sanction matérielle pour assurer le respect des décisions du Conseil; rien que l'engagement d'honneur de s'y soumettre.

A côté de ce Conseil corporatif fonctionne un Conseil de conciliation formé d'un patron, d'un ouvrier et d'un employé choisis parmi les délégués; il reçoit les plaintes, les instruit et émet un simple avis, qui n'est obligatoire pour personne.

*Commission d'arbitrage du rayon industriel de Cholet.* — Cette commission fonctionne depuis 1892 et donne de bons résultats. Elle est composée de six patrons et de six ouvriers (pris en nombre égal dans les deux syndicats existants, dont l'un est socialiste et l'autre conservateur). Le corps électoral est formé de quarante électeurs : dix ouvriers désignés par chacun des syndicats et vingt patrons désignés parmi les patrons adhérents. Ces quarante électeurs votant ensemble, chaque arbitre est l'élu à la fois des patrons et des ouvriers. La Commission a des réunions générales semestrielles et ses attributions sont « de juger les litiges qui lui sont soumis, de veiller à l'exécution du tarif et de statuer sur les articles qui viendraient à être créés à nouveau avant de les tarifer » (art. 4).

Pour le règlement des conflits, on s'adresse à une

sous-commission (2 patrons et 2 ouvriers), qui doit d'abord demander aux parties si elles consentent à s'en rapporter à leur arbitrage. En cas de refus, les parties sont renvoyées à se pourvoir devant les tribunaux compétents; en cas d'acceptation, la sous-commission fait tous ses efforts pour arranger l'affaire (art. 5) et si elle ne peut y parvenir, elle la renvoie devant la Commission, qui se réunit dans son ensemble le samedi suivant et rend un jugement.

*Le Conseil d'usine du Val-des-Bois* fonctionne depuis 1885. « En réunissant quelques hommes délégués par leurs pairs, écrit M. Léon Harmel (*la démocratie dans l'usine*, Roubaix, 1903), nous pouvions leur ouvrir notre cœur, leur faire comprendre nos pensées, les initier aux affaires et à la marche de l'usine pour les y intéresser, en un mot en faire de véritables coopérateurs. Eux, de leur côté, pouvaient porter parmi leurs camarades le bon esprit dont ils étaient animés et la confiance que nous aurions su leur inspirer. Telle a été la pensée directrice de cette fondation. »

Le Conseil d'usine a des attributions multiples : accidents; hygiène; apprentissage; concours; travail; production; perfection; salaires; primes; tarifs; discipline et réclamations. (Brochure citée.)

A ce dernier point de vue, le seul qui doive nous occuper ici, le Conseil d'usine du Val-des-Bois semble fonctionner comme une chambre d'explications : les petites difficultés de la vie industrielle sont simplement exposées dans la plus prochaine réunion de quinzaine. « La confiance affectueuse, écrit encore M. Harmel, qui règne dans les cœurs, met tout le monde à l'aise. On expose simplement, familièrement, les petits griefs, quand il y en a; on arrête ainsi les ferments de mécontentement, qui pourraient s'envenimer et s'aggraver si on n'y prenait garde. Les ouvriers savent qu'ils ont des représentants, au besoin des avocats de leur cause. »

Le Conseil d'usine du Val-des-Bois est formé d'un certain nombre de délégués des ouvriers, choisis par leurs pairs dans chaque salle et dans chaque branche de la fabrication. Chaque quinzaine, les délégués sont convoqués par un billet remis le matin et se réunissent, sous la présidence d'un patron, pour examiner toutes les questions qui leur sont soumises, rentrant dans le cadre si vaste — nous l'avons vu — de leurs attributions.

Ajoutons que le succès du Conseil d'usine a déterminé M. Harmel à créer, pour le personnel féminin de ses ateliers, une institution semblable, qu'il appelle le Conseil des ouvrières.

Les résultats obtenus par M. Harmel sont, paraît-il, des plus importants et nul doute qu'ils ne soient dus pour une grande part au Conseil d'usine « qui a rendu les relations plus faciles et plus cordiales », mais l'expérience qui se poursuit au Val-des-Bois n'est peut-être pas très démonstrative au point de vue de l'efficacité du Conseil d'usine. Les établissements Harmel existent depuis fort longtemps dans la même famille; voici plus de cinquante ans que M. Léon Harmel les dirige; ses fils lui succèdent comme il a succédé à son père; le personnel, pas très nombreux du reste, est comme enserré dans un réseau compliqué d'œuvres de patronage et si tout cela ne diminue en rien le mérite de M. Harmel, on conçoit qu'une institution, qui fonctionne bien dans ce milieu un peu spécial, n'est pas nécessairement en état d'être appliquée partout et de donner partout des résultats satisfaisants.

*Le Conseil d'usine de la grande imprimerie de Blois.* — L'exemple de M. Harmel a suscité l'émulation de quelques industriels, appartenant surtout au groupe des démocrates chrétiens. Il est probable qu'il existe un certain nombre d'organisations de cette espèce, se bornant d'ordinaire à quelques mesures prises pour assurer entre le personnel et la direction d'une affaire des rapports réguliers et cordiaux, en même temps qu'une collaboration sur certaines questions de règlement intérieur.

M. Emm. Rivière a tenté, dans son imprimerie de Blois, de réaliser quelque chose d'analogue au Conseil d'usine du Val-des-Bois, et il a raconté les débuts et les résultats de cette « expérience sociale » dans l'*Association catholique* en 1901.

En prenant la direction de la grande imprimerie de Blois, M. Rivière organisa de suite des réunions périodiques des ouvriers, qui prirent le nom de Conseil d'usine et dans lesquelles il exposa le but qu'il se proposait : « se mieux connaître ; éviter les froissements et les malentendus ; étudier en commun les meilleurs moyens de relever l'industrie ».

Il se heurta d'abord à une méfiance si grande qu'il dut supprimer les réunions périodiques ; mais, poursuivant son idée malgré tous ces obstacles ; n'épargnant rien pour désarmer les méfiances, il parvint enfin à organiser avec ses ouvriers un Conseil d'usine dont voici, d'après lui-même, les notes caractéristiques : « irrégularité des séances, qui sont le plus souvent demandées par les ouvriers quand ils en sentent le besoin; initiative des ouvriers pour la préparation des règlements qui leur paraissent utiles, sauf rectification du patron; libre discussion dans les séances et non moins libre accès de ces mêmes séances à tout le personnel ».

Les premières réunions datent de 1896 et il ne fallut pas moins de trois ans pour aboutir à l'adoption d'un règlement définitif, qui fut voté le 24 octobre 1899.

Ce règlement commence par des déclarations de principes; parlant des conflits possibles, il dit : « dans le cas ou des difficultés viendraient à surgir, que tous, ouvriers et apprentis, sachent qu'ils peuvent avoir recours à moi dans tous les cas. Ils peuvent toujours formuler leurs réclamations, soit isolément soit en groupe; nous examinerons ensemble et sans parti pris leurs demandes, qui seront toujours agréées si elles sont justes et s'il est possible d'y donner satisfaction ». Le règlement aborde ensuite les questions de discipline intérieure, les heures d'entrée et de sortie et le tarif « qui est celui adopté par la Fédération des travailleurs du livre pour la région ». Ce règlement ainsi accepté et modifié suivant les circonstances, est devenu le code de l'Imprimerie de Blois; chaque ouvrier nouvellement engagé en reçoit un exemplaire, qu'il lit et qu'il signe et, de cette façon, les conditions du contrat de travail sont dès l'abord clairement déterminées.

On conçoit que de telles réunions, quand il a été possible de les faire accepter par le personnel — et cela est généralement très difficile, — puissent produire le rapprochement si désirable des ouvriers et de leurs patrons, mais il convient de remarquer 1° que la Création de ces Conseils doit absolument être subordonnée aux circonstances locales et que, par conséquent, il serait déplorable de chercher à en rendre la constitution légalement obligatoire; 2° que cette organisation n'est guère possible que dans les entreprises relativement peu importantes. Celles qui emploient de véritables armées d'ouvriers exigent une façon de procéder différente, car du moment qu'une assemblée devient très nombreuse, elle devient aussi houleuse et la discussion y est très difficile. La forme adoptée à l'usine du Creusot est de nature à s'adapter mieux à la grande industrie.

*Les délégués ouvriers du Creusot.* — Le 20 septembre 1899, une grève éclatait soudainement et sous un prétexte futile dans les ateliers du Creusot. La grève fut bientôt effective et complète, entraînant le chômage de 9.000 ouvriers; elle dura 19 jours et demi et se termina par l'arbitrage de M. Waldeck-Rousseau (7 octobre 1899).

La troisième demande soumise à l'arbitre concernait la nomination par les ouvriers de délégués, par atelier et par corporation.

La compagnie était d'accord avec ses ouvriers sur le principe même, mais il existait des dissentiments sur le mode de nomination qui serait adopté. L'arbitre trancha la difficulté en ces termes : « Considérant que chaque atelier occupe des syndiqués et des non syndiqués; qu'admettre que chaque catégorie nommât des délégués différents, ce serait organiser le conflit et créer entre les uns et les autres une distinction qui ne saurait être admise; Décide : Les délégués seront nommés par atelier, à raison d'un délégué par corporation. Sauf cas d'urgence, ils confèrent tous les deux mois avec les représentants et au besoin avec la direction de la société. »

En exécution de la sentence de M. Waldeck-Rousseau, la direction publia, en décembre, un *règlement* pour l'élection des délégués et un *avis* sur le mode de fonctionnement de cette institution nouvelle. Nous analysons sommairement le premier document.

Dans chaque atelier il y a, pour chaque corporation, un délégué et un délégué suppléant, élus pour un an, au scrutin secret, par leurs camarades de corporation. La liste électorale est préparée et affichée par la direction; elle comprend tous les ouvriers français, jouissant de leurs droits politiques et inscrits sur la dernière feuille de paye. Tous les électeurs sont éligibles, à la condition de savoir lire et écrire, d'être âgés de 25 ans et de travailler dans les établissements du Creusot et dans la même corporation depuis deux ans au moins. Quelques dispositions sont prises ensuite pour assurer l'ordre et la sincérité du scrutin, en évitant pourtant toute ingérence des employés de l'administration. Les délégués, élus pour un an, restent en fonctions tant qu'ils n'ont pas été remplacés; ils sont rééligibles.

Quant à l'*avis* affiché dans les ateliers, le voici textuellement : « Les délégués sont, en même temps que les représentants de tous les ouvriers, les intermédiaires désignés pour faire comprendre à leurs camarades de travail la nécessité et le bien-fondé des mesures adoptées dans les ateliers.

« Le délégué de chaque corporation, et, en cas d'empêchement, le délégué suppléant, devra écouter les réclamations des ouvriers de sa corporation, les examiner et les discuter avec eux. Lorsqu'il croira ces réclamations justifiées, il les soumettra au contremaître ou chef d'atelier intéressé, au fur et à mesure de l'examen qu'il en aura fait.

« Sauf le cas d'urgence, il pourra tous les deux mois, aux dates indiquées dans l'affiche ci-contre, saisir le chef de service, ou son représentant, des réclamations qui n'auraient pas été solutionnées au gré des intéressés.

« Sauf le cas d'urgence également, il pourra, après avoir conféré avec son chef de service, conférer également, s'il le juge utile, avec la direction (section du personnel) à partir des mêmes dates.

« Il est bien entendu que tous les ouvriers pourront, comme par le passé, s'ils le jugent convenable, présenter personnellement et chaque jour leurs réclamations à leurs chefs, dans le service et ensuite, s'il y a lieu, à la Direction (Section de personnel), sans être tenus de passer par l'intermédiaire du délégué de leur corporation. »

Les élections pour la désignation des premiers délégués eurent lieu le 20 décembre 1899. Le corps électoral comprenait 7.817 électeurs, 6.507 prirent part au vote et élurent 216 délégués appartenant à dix services différents (Les mineurs de Montchanin, au nombre de 469, ayant 12 délégués à élire, ne voulurent pas prendre part au vote).

Voici cinq ans que l'institution des délégués ouvriers fonctionne au Creusot; il est très intéressant de savoir quels résultats elle a produits ; si les ouvriers qui l'avaient demandée l'ont accueillie avec faveur; si les délégués nommés ont compris le rôle qu'ils ont à remplir ; si, en un mot, l'institution rend des

| | | 1899 | 1900 | 1901 | 1902 | 1903 | 1904 |
|---|---|---|---|---|---|---|---|
| Usine du Creusot (moins la forge)............ | Inscrits.................. | 5.143 | 4.224 | 4.104 | 4.218 | 3.946 | 3.913 |
| | Votants.................. | 4.802 | 3.781 | 3.717 | 3.635 | 3.414 | 3.394 |
| | % du nombre des votants. | 93,5 | 89,5 | 90,5 | 86,2 | 86,5 | 86,7 |
| Houillères de Montchanin................ | Inscrits.................. | 469 | 455 | 400 | 341 | 336 | 333 |
| | Votants.................. | » | 435 | 359 | 301 | 300 | 276 |
| | Proportion %........... | » | 95,6 | 89,7 | 88,2 | 89,2 | 82,1 |
| Mines de Mazenay..... | Inscrits.................. | 173 | 164 | 170 | 171 | 168 | 164 |
| | Votants.................. | 27 | 31 | 40 | 37 | 21 | 25 |
| | Proportion %........... | 15,16 | 18,9 | 23,5 | 21,6 | 12,5 | 15,2 |
| Ateliers de Champagne-sur-Seine........... | Inscrits.................. | » | » | » | » | 152 | 224 |
| | Votants.................. | » | » | » | » | 122 | 173 |
| | Proportion %........... | » | » | » | » | 80,2 | 77,0 |
| Ateliers d'artillerie du Havre.............. | Inscrits.................. | » | » | » | » | » | 322 |
| | Votants.................. | » | » | » | » | » | 311 |
| | Proportion %........... | » | » | » | » | » | 96,5 |

services et si elle contribue à maintenir la paix dans les ateliers.

Sur l'utilité théorique d'une telle institution tout le monde est d'accord, mais beaucoup d'industriels pensent que l'application pratique est pleine de telles difficultés, que la plupart du temps les résultats iraient à l'encontre du but poursuivi et que les délégués seraient plus souvent des instruments de discorde que des intermédiaires conciliants.

Le résultat de l'expérience tentée au Creusot est donc très intéressant à connaître, car c'est très certainement la première fois qu'un pareil essai est tenté en France sur une aussi grande échelle.

Il faut d'abord voir quel accueil les ouvriers ont fait à cette institution; le résultat des élections auxquelles il a été procédé cinq fois déjà, nous fixera sur ce premier point[1].

Il résulte très clairement du tableau qui précède que les ouvriers du Creusot, quoique n'ayant pas obtenu de l'expert, M. Waldeck-Rousseau, l'organisation du service des délégués dans les conditions exactement où ils le demandaient, ont compris les avantages que pouvait présenter ce service et ont participé avec entrain aux élections.

Au Creusot même, la moyenne des votes oscille entre 86,2 et 93,5; aux houillères de Montchanin, l'abstention générale constatée en 1899 ne s'est pas renouvelée, la moyenne des votants a été la même qu'au Creusot et si, en 1904, elle a fléchi c'est qu'une corporation, celle des « trieuses et laveuses », n'a pas élu de délégué. Aux mines de Mazenay la proportion

1. *Voyez le tableau à la page* 137.

des votants est beaucoup plus faible, elle oscille entre 12,5 % et 23,5 %, mais cela ne semble pas être le résultat d'un mécontentement général mais de l'abstention de certaines corporations [1]. Par contre, les nouveaux ateliers, où la direction a établi le système des délégués ouvriers, les ateliers d'électricité de Champagne-sur-Seine et les ateliers d'artillerie du Havre, ont fourni des moyennes de votants très satisfaisantes.

On peut donc affirmer que l'institution des délégués ouvriers a été bien accueillie. Il nous faut maintenant voir les délégués à l'œuvre. La statistique détaillée publiée par la *Chambre syndicale des fabricants et constructeurs de matériel pour chemins de fer et tramways* — statistique relative aux quatre premières années de fonctionnement du système — va nous permettre de constater les résultats obtenus.

Nous avons vu tout à l'heure que les délégués étaient reçus régulièrement tous les deux mois — six fois par an — par les chefs de services. Les délégués se rendent-ils aux convocations qu'ils reçoivent? Ont-ils souvent des réclamations à présenter? C'est ce que va nous apprendre le tableau des audiences accordées par les chefs de services aux délégués [2].

On voit par les chiffres rapportés dans ce tableau que les audiences données par les chefs de services aux délégués ont été régulièrement tenues. Depuis l'année 1901, il a même constamment été donné un nombre d'audiences un peu supérieur au chiffre nor-

1. Les Mines de Mazenay comprenaient au début sept Corporations; ce nombre a été réduit à six en 1902. On a constamment constaté l'abstention de cinq corporations (quatre, depuis 1902) et la Mine n'a jamais élu de délégués que dans deux corporations.

2. *Voyez le tableau I, page 110.*

I. — Audiences accordées par les chefs de services aux délégués.

| ANNÉES. | Nombre total d'audiences accordées. | Le délégué ne s'est pas présenté, n'ayant pas de réclamations à formuler. | | Le délégué s'est présenté et a dit n'avoir pas de réclamations. | | Le délégué a formulé des réclamations. | |
|---|---|---|---|---|---|---|---|
| | | | % | | % | | % |
| 1900.. | 1.265 | 602 | 47.5 | 513 | 40.5 | 150 | 12 |
| 1901.. | 1.409 | 326 | 23.1 | 960 | 68.2 | 123 | 8.7 |
| 1902.. | 1.382 | 400 | 28.94 | 854 | 61.80 | 128 | 9.26 |
| 1903.. | 1.370 | 458 | 33.41 | 804 | 58.70 | 108 | 7.89 |

II. — Nombre des réclamations. Résultats.

| ANNÉES | Nombre total des réclamations. | Réclamations solutionnées de suite sans enquête. | Pour cent. | Réclamations solutionnées après enquête. | Pour cent. | Réclamations accueillies. | Pour cent. | Réclamations rejetées. | Pour cent. |
|---|---|---|---|---|---|---|---|---|---|
| 1900.. | 212 | 170 | 80.2 | 42 | 19.8 | 102 | 48 | 110 | 52 |
| 1901.. | 229 | 167 | 72.9 | 62 | 27.1 | 100 | 43.7 | 129 | 56.3 |
| 1902.. | 155 | 145 | 93.55 | 10 | 6.45 | 76 | 49.3 | 79 | 50.97 |
| 1903.. | 117 | 83 | 71 | 34 | 29 | 78 | 66.65 | 39 | 33,35 |

III. — Moyenne des réclamations par corporation et par 100 ouvriers.

| ANNÉES. | Nombre moyen d'ouvriers. | Nombre moyen de corporations. | Nombre des réclamations. | Proportion par corporation. | Proportion par 100 ouvriers. |
|---|---|---|---|---|---|
| 1900.. | 8.742 | 209 | 226 (1) | 1.04 | 2.6 |
| 1901.. | 9.189 | 206 | 229 | 1.1 | 2.5 |
| 1902.. | 8.390 | 200 | 155 | 0.775 | 1.84 |
| 1903.. | 8.263 | 197 | 117 | 0.594 | 1.41 |

1. Dont 210 par les chefs de services et 14 par la direction.

mal (1.409 au lieu de 1.392 en 1901; 1.382 au lieu de 1.374 en 1902; 1.370, au lieu de 1.368 en 1903).

Il est à remarquer que les délégués qui, la première année, se sont souvent abstenus de répondre à la convocation des chefs de services (47,5 % d'abstentions en 1900) y ont répondu plus régulièrement dans la suite (abstentions : 23,1 % en 1901; 28,94 % en 1902; 33, 41 % en 1903). Néanmoins le chiffre des réclamations transmises par eux a été en diminuant progressivement, de 1900 à 1903.

Quant aux réclamations reçues par la Direction (section du personnel), il y en a eu 14 en 1900; sept ont été admises et sept rejetées. Depuis lors il ne s'en est produit aucune.

Quel a été le nombre total des réclamations, leur gravité et la solution qui leur a été donnée [1]?

Les réclamations ont donc été en diminuant d'année en année; plus des trois quarts sont de peu d'importance et de nature à être réglées sur place, sans aucune enquête; au point de vue des résultats, la direction en admet à peu près autant qu'elle en rejette.

Ces réclamations ne sont pas, après tout, bien nombreuses. Si on prend le chiffre moyen d'ouvriers travaillant au Creusot et le chiffre moyen de corporations et qu'on les mette en parallèle avec le nombre des réclamations formulées, on arrive aux chiffres indiqués ci-dessus [2].

Ajoutons que la plupart des délégués n'ont aucune réclamation à transmettre. Le nombre de ceux qui se sont trouvés dans ce cas a été en 1900, de 114

1. *Voir tableau II, page* 140.
2. *Voir tableau III, page* 140.

(sur 216); en 1901, de 150 (sur 234); en 1902, de 147 (sur 231) et en 1903, de 161 (sur 228). De tous les chiffres qui précèdent il résulte bien la preuve que l'institution des délégués ouvriers fonctionne normalement au Creusot et qu'elle donne de bons résultats.

Au début il y a bien eu quelques difficultés; le parti révolutionnaire s'était, à l'occasion de la grève, fortement constitué au Creusot et son influence fut ressentie lors des premières élections, de même que dans l'attitude de quelques-uns des premiers délégués élus. Mais la situation s'est modifiée en bien. On a remarqué depuis, dans les élections suivantes, un plus grand souci des intérêts purement professionnels et, dans les réclamations transmises, un esprit plus favorable à la conciliation.

Les délégués ont conquis la confiance et l'estime de leurs camarades; c'est, en fait, toujours à eux qu'on adresse pour faire parvenir aux chefs de services les réclamations; celles qui sont portées directement par les intéressés sont le petit nombre et sont généralement peu importantes.

C'est un excellent symptôme que les divisions politiques ou personnelles, qui ont pu se faire jour lors des élections, soient oubliées lorsque le délégué est proclamé élu et que celui-ci soit réellement considéré par ses camarades comme leur représentant à tous, sans distinction d'opinions.

En général, les délégués se bornent à transmettre les réclamations dont ils sont saisis, sans essayer de s'en faire juges; il en est pourtant quelques-uns qui, jouissant d'une influence plus grande sur leurs camarades, examinent les réclamations avant de les faire parvenir et en discutent le mérite et l'opportunité avec les réclamants.

L'institution des délégués ouvriers semble avoir donné satisfaction à la direction comme aux ouvriers puisqu'il a été créé des délégués dans les deux usines nouvelles de Champagne-sur-Seine et du Havre. Du reste, on se souvient que, lors de la grève de 1899, la direction ne s'était pas montrée opposée à l'idée de créer des délégués, mais seulement au mode de recrutement proposé par une partie des grévistes.

Il est certain que dans l'industrie moderne, et surtout dans les très grandes usines, il est presque inévitable que les ouvriers se trouvent en contact habituel presque uniquement avec des contremaîtres; dans ces conditions comment espérer que des brusqueries regrettables, des abus d'autorité, ne se produiront pas? Ces petits mécontentements, dont l'accumulation constituera un jour un danger, la direction voudrait les connaître et mettre bon ordre aux abus; mais elle les ignore généralement, parce que les ouvriers, malgré les invitations qu'on pourra leur faire, hésiteront presque toujours à porter eux-mêmes leurs réclamations aux chefs de services. Une certaine timidité de s'adresser à la direction, un certain respect humain à l'égard des camarades d'atelier et surtout la crainte de s'attirer la rancune du contremaître visé, tout cela neutralisera d'ordinaire les efforts et la bonne volonté du patron, et laissera s'accumuler des mécontentements dangereux.

L'institution des délégués est un remède à ce mal. Passant leur journée parmi les ouvriers leurs camarades, ils seront souvent témoins des discussions et des abus d'autorité ; la crainte qu'ils puissent en être témoins retiendra, en tous cas, souvent les contremaîtres et les forcera à se surveiller. Et, quand une réclamation sera nécessaire, les ouvriers éprouveront moins d'embarras à en parler à un camarade de travail qu'à un chef de service [1].

1. A la suite des dernières grèves de Marseille et pour en empêcher le retour, on s'occupe actuellement de fonder dans les différentes catégories de travailleurs du port, des *Fédérations mixtes*, destinées à « assurer, entre patrons et ouvriers, de bons rapports basés sur la confiance réciproque, en vue de leurs intérêts communs ; la solution amiable de tous les conflits entre les entrepreneurs et leur personnel ; l'amélioration constante de la situation matérielle et morale du personnel ouvrier ». Le moyen employé pour amener la solution des conflits est le recours à la conciliation devant le Comité de la Fédération et, en cas d'insuccès, la constitution d'un tribunal arbitral. La première Fédération a été organisée dans les entreprises de camionnage.

## CHAPITRE SECOND

### L'ŒUVRE LÉGISLATIVE.

*Projets et propositions de loi antérieurs à la loi du 27 décembre 1892 :* proposition Raspail; projet Lockroy; proposition de Mun; rapport M. Lyonnais; projet Jules Roche; proposition Mesureur. — *La loi du 27 décembre 1892.* Circonstances dans lesquelles elle a été votée; à quels conflits elle s'applique; situation des ouvriers de l'État; ses deux caractères essentiels : pas d'organismes permanents, aucune obligation. *Commentaire de la loi :* le comité de conciliation; sa formation, son rôle; l'arbitrage; l'intervention du juge de paix; sanction de la loi — *Résultats pratiques* de l'application de la loi; documents statistiques; observation. — *Propositions et projets postérieurs à la loi du 27 décembre 1892*; proposition de Ramel; proposition Mesureur; projet André Lebon; proposition Dejeante; proposition Michelin; proposition Jaurès; proposition A. de Mun; projet Mesureur; rapport Ch. Ferry; proposition Ch. Ferry; proposition Magnien; proposition Fournière; proposition M. Zévaès; projet Millerand; propositions P. Constans et Rudelle. — *Les conseils régionaux du travail;* leur constitution par décret; opposition; proposition Bérenger; discussion au Sénat.

Essayer de s'entendre quand on est en désaccord, faire appel, si l'on ne peut y parvenir, aux lumières et à l'autorité morale d'une personne marquante, ce sont là des faits naturels et qu'on retrouve dans tous les conflits.

Avec notre manie de légiférer, nous devions en France non pas même chercher à développer cette tendance naturelle, mais bien préparer d'abord une loi.

Dès 1886 commence le défilé des propositions de loi sur la Tribune du Parlement : le vote de la loi du 27 décembre 1892 ne l'arrête même pas un instant. Cinq propositions de loi avant le vote de la loi du 27 décembre 1892, une quinzaine depuis lors, sans compter l'organisation par Décret des Conseils du travail, qui possèdent des attributions dans la matière qui nous occupe, voici une activité législative capable, pensons-nous, de satisfaire les plus exigeants.

Nous ne voulons pas, bien entendu, analyser tous ces projets. Nous nous contenterons d'en indiquer en quelques lignes les traits caractéristiques, en renvoyant à l'endroit du *Journal officiel*, où on pourra trouver le texte du projet et l'exposé des motifs.

## Projets et propositions de loi antérieurs à la loi du 27 décembre 1892.

*La proposition Raspail, 29 mai 1886* (Doc. Parl. Chambre, 1886. *J. off.*, p. 1740). Les auteurs dela proposition voudraient rendre obligatoire, avant toute cessation de travail, la nomination par les patrons et les ouvriers de deux arbitres chargés de formuler une sentence. La sentence n'est pas obligatoire, mais seulement la désignation des arbitres, sous peine, pour les patrons, de voir publier leur refus et, pour les ouvriers, d'être privés du bénéfice de la loi du 28 mai

1864, c'est-à-dire du droit de se mettre en grève. Mais si l'arbitrage a eu lieu et que les ouvriers n'en soient pas satisfaits, ils pourront se mettre immédiatement en grève.

*Le projet Lockroy, 29 mai 1886* (Doc. Parl. Chambre. *J. off.*, p. 1787), charge le maire de recevoir, en cas de conflit, les propositions des parties en vue d'un arrangement; on lui fait connaître par écrit les motifs du conflit, les *desiderata* des demandeurs et le nom des arbitres choisis par eux. Avec ces arbitres et ceux choisis par la partie adverse on constitue une sorte de tribunal d'arbitrage, qui rend une sentence dont l'utilité sera de « faire foi des termes du contrat intervenu entre patrons et ouvriers ». Rien n'est ici obligatoire et la seule sanction organisée est une large publicité de la demande d'arbitrage, de la réponse faite à cette demande et enfin de la sentence qui, dit l'Exposé des motifs : « donnera à la transaction intervenue un caractère authentique ».

*Proposition Le Cour, de Lamarzelle, A. de Mun, 16 juin 1887* (Doc. Parl. Chambre, 1887, *J. off.*, p. 903).

Cette proposition de loi, très étendue, comporte deux parties bien distinctes. La première, comme le Projet Lockroy, tend à organiser un arbitrage en cas de conflit. Seulement les deux textes présentent de notables différences. Au lieu du maire « qui en France, est aujourd'hui activement mêlé à toutes les luttes politiques, représente un parti et est toujours suspect de partialité ou de pression », la proposition confie le soin de servir d'intermédiaire entre les parties au

Juge de paix, au Président du Tribunal de Commerce ou au Président du Tribunal Civil, suivant les cas. Ce magistrat doit faire des démarches auprès des intéressés pour les amener à se concilier ou à organiser un arbitrage. S'il échoue, ni ses propositions ni le refus d'y accéder ne seront rendus publics, car, dit l'Exposé des motifs, « le refus peut être un acte sage et prudent et, dans tous les cas, il constitue pour celui qui l'oppose un droit imprescriptible ». Le texte de la sentence arbitrale sera, au contraire, rendu public par voie d'affichage « au lieu désigné pour les affiches judiciaires ». La force de la sentence arbitrale sera la même que dans le projet Lockroy.

La seconde partie de la proposition se rapporte à la création de Conseils permanents de conciliation et d'arbitrage.

Les Conseils permanents d'arbitrage sont fondés librement par des groupes de patrons et d'ouvriers qui, à cet effet, informent de leurs intentions le Juge de paix ou le Président du Tribunal Civil ou de Commerce, suivant les cas. Des élections ont alors lieu pour nommer les membres du Conseil. Les justiciables de ce conseil sont : *a*) ceux qui ont formulé la demande de formation; *b*) ceux qui y ont adhéré — étant expliqué que la signature des membres du bureau d'un syndicat entraîne l'adhésion de tous les syndiqués —; *c*) ceux qui, sans avoir donné leur adhésion par écrit, ont pris part aux élections; *d*) ceux qui postérieurement à la formation du conseil y adhèrent par écrit.

Pour les adhérents l'arbitrage va être désormais obligatoire et on a tenu à ce que « l'obligation de se soumettre à l'arbitrage résulte non de la loi mais de conventions librement consenties ».

Les membres élus du Conseil d'arbitrage choisissent leur bureau, puis désignent les délégués qui formeront le Comité de Conciliation. Ainsi se trouvent constitués les deux organismes que nous avons vus constamment figurer dans les institutions de ce genre. Leur rôle est bien défini. « Les Conseils d'arbitrage ont pour mission de formuler une décision sur les difficultés spéciales, déjà nées entre patrons et ouvriers et soumises à leur appréciation. Cette définition fait rentrer les sentences rendues dans les conditions du Code de Procédure Civile. »

« Le Comité de Conciliation a pour but de prévenir, avant qu'ils ne se soient manifestés par des actes extérieurs, les différends qui pourraient naître et d'intervenir avant tout conflit... Il ne rend pas de sentence et si l'affaire ne peut être résolue que par une sentence arbitrale, il la transmet au Conseil d'arbitrage. »

Ces quelques mots de l'exposé des motifs suffisent pour faire comprendre le mécanisme de l'institution.

*Le Rapport déposé par M. Lyonnais*, le 27 juin 1889 (Doc. Parl. Chambre, 1889. *Journ. offic.*, p. 1275), au nom de la Commission chargée d'étudier ces différents projets, reconnaissait la nécessité d'une loi sur la matière, se prononçait contre le recours obligatoire à l'arbitrage et tâchait de donner satisfaction aux partisans des Comités « accidentels » et à ceux des Comités « permanents ». Sur le premier point, la Commission adoptait purement et simplement le projet Lockroy; sur le second, elle permettait aux syndicats professionnels de patrons et d'ouvriers de constituer des Comités permanents de conciliation et d'arbitrage, sans aucune autorisation spéciale.

Peu après le dépôt du Rapport de M. Lyonnais, la législature prit fin et tous les projets de loi devinrent caducs. Tous furent repris à la législature suivante, mais le Gouvernement, qui avait consulté sur la question, dans une vaste enquête, tous les corps constitués de l'Industrie, arriva, lui aussi, avec un nouveau projet.

*Projet Jules Roche, 24 novembre 1891.* — C'était, dans sa première partie, la reproduction du Projet Lockroy; mais l'intermédiaire choisi, était, cette fois, le juge de paix « dont le titre même proclame les dispositions conciliatrices ».

Il y avait bien une seconde partie, qui prétendait régler la question des Comités permanents, mais combien sommaire ! en quatre articles ! On se bornait à dire que les Comités accidentellement constitués pouvaient devenir permanents, moyennant le dépôt d'un procès-verbal de constitution au greffe de la justice de paix et qu'ils pouvaient désigner « des arbitres permanents ou accidentels, pris dans la profession ou au dehors ». Ce n'était, à vrai dire, rien ajouter au droit commun, qui permet incontestablement à tous les intéressés de former un Conseil permanent de conciliation et d'arbitrage.

*La Proposition Mesureur,* déposée le 14 décembre 1891 (Doc. Parl. Chambre, 1891. *Journal officiel*, p. 2937, contenait, au contraire, le germe d'importantes innovations.

M. Mesureur, qui s'inspire visiblement de la loi belge du 16 août 1887, poursuit la création en France d'une représentation du Travail. Les Conseils du

Travail « seront une des formes de la représentation légale des travailleurs... ils compléteront l'œuvre de l'organisation des travailleurs commencée par la loi des syndicats, en 1884, et continuée récemment par la création du Conseil supérieur du travail ». Constitués par décret, avec de larges attributions et une juridiction territoriale, divisés en sections se réunissant périodiquement, ces Conseils du travail ressemblent tout à fait aux Conseils de l'Industrie et du Travail, qui fonctionnent en Belgique depuis seize ans..

La conciliation des litiges industriels n'est qu'une de leurs nombreuses fonctions.

« Dès qu'un différend collectif, dit l'art. 15, s'élève entre patrons et ouvriers ou employés, il peut être porté devant la section de la profession, soit d'un commun accord, soit par une seule des parties intéressées. » C'est ici le président de la section qui joue le rôle d'intermédiaire, attribué tantôt au maire, tantôt au juge de paix, tantôt au Président du tribunal; il reçoit la demande de conciliation, la transmet à l'autre partie; il tient et conserve le registre des procès-verbaux. C'est une délégation de la section compétente qui joue le rôle de Comité de conciliation. Enfin, après l'échec de cette tentative, les parties ont la ressource d'essayer d'un arbitrage. Tous les procès-verbaux de conciliation ou d'arbitrage sont rendus publics par voie d'affichage.

Enfin, la décision prise ou la sentence rendue auront une efficacité réglée par l'art. 21, « elle fera foi en justice à titre de conditions *minima* pour le règlement des litiges individuels »; c'est-à-dire qu'on ne pourra, par des conventions individuelles, diminuer les avantages accordés aux intéressés par la décision ou la sentence.

On prend, enfin, la peine d'expliquer que toute cette législation ne mettra pas obstacle à la constitution par les intéressés de Conseils libres et permanents de conciliation et d'arbitrage.

Le *Rapport* sur ces divers projets pour la législature 1889-1893 fut présenté à la Chambre le 23 janvier 1892 (*J. Offic.*, Doc. Parl. Chambre, Année 1892, p. 194) par M. Lockroy. Il adoptait le projet du gouvernement (projet Jules Roche) avec quelques légères modifications et renvoyait à plus tard l'examen du Titre II du Projet, relatif à la création des Conseils permanents.

## La loi du 27 décembre 1892.

La Chambre était saisie des différents projets de loi dont nous venons de parler, et rien ne permettait d'espérer qu'elle allait enfin en aborder l'étude, quand éclata la grève de Carmaux — ou plutôt la seconde grève de Carmaux, car une première grève avait déjà éclaté dans les mêmes exploitations au commencement de la même année et avait été terminée par une sentence arbitrale, le 20 mars 1892.

La grève nouvelle, qui se produisit moins de six mois après, était purement politique.

L'ouvrier Calvignac avait été nommé conseiller municipal, puis maire de Carmaux ; il avait demandé à la compagnie, sans pouvoir l'obtenir, un congé de deux jours par semaine pour remplir ses fonctions de maire. Sur ces entrefaites il fut nommé, en outre, conseiller d'arrondissement. Dès lors, il devenait évident qu'on ne pouvait plus compter sur aucun travail effectif de sa part.

La Compagnie était fort embarrassée. D'une part, Calvignac était un très ancien ouvrier — il était au service de la Compagnie depuis dix-neuf ans. — D'autre part, comment consentir à garder un ouvrier qui ne paraissait plus à l'atelier et qui, de plus, prétendait user de sa situation politique et de sa qualité de président du syndicat, pour imposer son maintien dans de telles conditions! La Compagnie, après plusieurs avertissements, et en observant les délais voulus de préavis, signifia, le 3 août 1892, à l'ouvrier Calvignac son renvoi.

Peu de jours après, le 15 août, les ouvriers cessèrent le travail, envahirent la maison de l'ingénieur-directeur M. Humblot et le forcèrent à signer sa démission. Le Conseil d'administration des Mines de Carmaux se réunit le 19 août et décida de ne pas accepter la démission de M. Humblot, de maintenir le renvoi de Calvignac et de ne pas reprendre les meneurs de la grève, dont neuf furent arrêtés et condamnés à des peines diverses par le Tribunal correctionnel d'Albi.

La grève se poursuivit au milieu d'une émotion considérable; non pas qu'elle fût accompagnée de désordres révolutionnaires, mais la presse intéressée ne négligeait rien pour élever le débat ou plutôt pour le déplacer. Du droit qu'avait la Compagnie de renvoyer un ouvrier qui ne voulait ou ne pouvait plus travailler, on ne parlait même pas : le suffrage universel avait été insulté en la personne d'un de ses

9.

élus et les trois mille ouvriers en grève n'étaient plus que des citoyens luttant et souffrant pour le triomphe d'un principe.

Dans ces conditions, il était bien certain que la Chambre serait saisie de la question. Elle le fut dès la première séance de sa session extraordinaire, par une double interpellation de MM. Dupuy-Dutemps et A. Desprès. C'était le 18 octobre 1892. M. le baron Reille, député, et président du Conseil d'Administration des Mines de Carmaux, fut bien contraint d'accepter l'arbitrage de M. Loubet, ministre de l'Intérieur. Les ouvriers en grève se firent représenter auprès de l'arbitre par MM. Clemenceau, Pelletan et Millerand. Grève politique, arbitrage d'un homme politique imposé par la Chambre, politiciens choisis comme délégués, tout montrait que ce conflit n'avait rien à voir avec les conditions du travail.

M. Loubet rendit sa sentence le 26 octobre : la démission de M. Humblot n'était pas acceptée ; Calvignac restait ouvrier de la Compagnie, mais obtenait un congé pour tout le temps que dureraient ses fonctions de maire ; enfin les ouvriers grévistes étaient repris, à l'exception de ceux qui avaient été condamnés par le Tribunal d'Albi. On se souvient peut-être que les grévistes, sur les conseils de leurs délégués MM. Clemenceau, Millerand et Pelletan, décidèrent de ne pas se soumettre à la sentence arbitrale et de continuer la grève. Elle ne cessa que le 3 novembre. Elle avait duré 80 jours.

La loi française sur la Conciliation et l'arbitrage naquit de l'émotion causée par cette grève.

La Chambre mit à l'ordre du jour de la séance du 20 octobre 1892 — deux jours après les interpellations Dupuy-Dutemps et Desprès — la discussion des projets de loi sur la conciliation et l'arbitrage. On était désireux surtout d'aller très vite et on s'arrêta au texte du projet Jules Roche, ou plutôt du Titre Ier du projet Jules Roche. Le titre II, le plus important, concernant l'organisation des Comités permanents, était renvoyé à plus tard. Il n'y a que douze ans de cela !

La Chambre consacra à la discussion du projet les séances du jeudi 20 et du samedi 22 octobre ; le Sénat l'étudia plus longuement (Séances des 15, 16, 19, 20 et 21 décembre) ; le 24 décembre la Chambre adopta, sans discussion et sur simple lecture, le texte amendé par le Sénat. Trois jours après, le 27 décembre 1892, la loi était promulguée.

La loi du 27 décembre 1892 n'est pas autre chose qu'un ensemble de mesures destinées à faciliter, en cas de conflit, le rapprochement des ouvriers et des patrons, en ménageant l'amour-propre et les intérêts de chacun. Elle est étrangère à tout esprit de système et profondément respectueuse des droits des intéressés — on n'en pourrait pas dire autant de beaucoup d'autres lois qui sont venues, depuis peu, compléter notre législation ouvrière.

*A quels conflits, d'abord, s'applique-t-elle ?*

Aux différends d'ordre collectif, portant sur les conditions du travail, soulevés entre patrons et ouvriers, répond l'*art. 1er*, dont voici la rédaction exacte : « *Les patrons, ouvriers ou employés entre lesquels s'est produit un différend d'ordre collectif portant sur les conditions du travail, peuvent soumettre les questions qui les divisent à un comité de conciliation, et, à défaut d'entente dans ce comité, à un conseil d'arbitrage, lesquels seront constitués dans les formes suivantes.* »

Ainsi donc, trois conditions sont nécessaires pour qu'il y ait lieu à l'application de la loi du 27 décembre : *a*) conflit d'ordre collectif, *b*) s'élevant entre patrons et ouvriers ou employés, *c*) portant sur les conditions du travail.

Mais qu'on ne s'y trompe pas, ces conditions d'application doivent être interprétées de la façon la plus large; on pourrait dire que toutes les fois qu'on constate entre la direction et le personnel, dans une entreprise industrielle ou commerciale quelconque, des rapports tendus pouvant aboutir à une grève, la loi du 27 décembre peut et doit être appliquée. S'il en était autrement, la grève de Carmaux, qui détermina le vote du Parlement en 1892, aurait échappé à l'application de la loi. En effet, il y avait bien conflit collectif entre la Compagnie et ses ouvriers, mais ce conflit était absolument étranger aux conditions du travail et les ouvriers ne formulaient aucune réclamation de ce chef.

L'application doit être aussi fréquente que possible, puisqu'il s'agit d'une loi de pacification sociale qui, après tout, ne crée aucun droit nouveau, n'ajoute rien au droit qu'ont toujours eu les parties intéressées de tenter de se concilier ou de recourir à un arbitrage et se borne, en somme, à faciliter ce rapprochement désirable, en s'efforçant de ménager l'amour-propre des intéressés.

Toute interprétation étroite du texte de la loi irait certainement contre les intentions de ses auteurs.

Les entreprises à personnel nomade, les chantiers de terrassements, de chemins de fer, de coupes de bois, les exploitations agricoles peuvent y recourir, aux termes mêmes de la circulaire ministérielle, et c'est ainsi qu'en 1900, par exemple, le compte rendu officiel publié tous les ans depuis 1894 (Statistique des grèves et des recours à la conciliation et à l'arbitrage) nous parle de tentatives de conciliation dans les grèves d'ouvriers agricoles, de bûcherons, de greffeurs de vignes, de pêcheurs, d'ouvriers des salines, professions et métiers ne se rattachant que de loin à l'industrie.

Cette interprétation très extensive nous paraît être tout à fait dans l'esprit de la loi : un conflit intéressant des travailleurs et menaçant d'aboutir à une grève, telle est, nous semble-t-il, la condition d'application nécessaire et suffisante de la loi sur la conciliation et l'arbitrage.

Il faut pourtant signaler une restriction importante.

On sait que l'État emploie un très grand nombre d'ouvriers. Tantôt il s'agit d'assurer un véritable service public, comme dans les établissements de la Guerre et de la Marine; tantôt l'État est un véritable patron exploitant une industrie : c'est le cas dans les manufactures de tabac ou d'allumettes.

Il faudrait ici se demander quelle est la situation des ouvriers et employés de l'État au point de vue des droits d'association professionnelle, de coalition, et de recours à la loi du 27 décembre 1892. Or la question est des plus discutables et son examen détaillé nous entraînerait trop loin. Quelques observations pourtant sont nécessaires.

Le droit de se syndiquer n'appartient certainement pas aux fonctionnaires ; l'art. 123 C. Pén. punissant les coalitions de fonctionnaires. Cette prohibition s'étend même aux citoyens chargés d'un service public.

Le mot fonctionnaire public est, dans notre droit, très vague et on en chercherait vainement une définition exacte.

Plus vague encore est la dénomination de *citoyen chargé d'un service public*. C'est dans cette catégorie aux limites flottantes que les différents ministres, qui ont eu à s'occuper de la question, ont constamment classé les Employés des Postes et Télégraphes. M. Jules Roche (Interpellation Dumay, 16 novembre 1891) leur refusait, en conséquence, le droit de se syndiquer. De même M. Millerand (interpellation Gauthier de Clagny. Chambre, 10 décembre 1900) affirmait que le syndicat national des employés des postes devait échapper à la dissolution... parce qu'il n'était, en réalité, qu'une vaste association mutualiste. De même encore, en 1899, lors de la grève des facteurs parisiens, le gouvernement contesta énergiquement, à la Chambre comme au Sénat, aux facteurs le droit de se mettre en grève. La question semble donc tranchée en ce qui concerne les employés des Postes, des Télégraphes et aussi des Téléphones, à qui un jugement du Tribunal correctionnel de la Seine (affaire Sylviac) vient de reconnaître la qualité de citoyens chargés d'un service public.

Mais que faudrait-il décider à l'égard des ouvriers ou employés des établissements industriels exploités en régie par l'État, comme les chemins de fer de l'État, les arsenaux, les manufactures de tabac et d'allumettes, les manufactures nationales de Sèvres, de Beauvais, des Gobelins? Ici, au point de vue du droit de se syndiquer, le gouvernement est nettement pour la négative, tandis que la Chambre semble être d'un avis contraire. C'est ainsi que, le 22 mai 1894, M. Jonnart, ministre des Travaux publics, dénia le droit d'association aux employés des chemins de fer de l'État (Chambre, Interpellation Jourde) et que la Chambre déclara « que la loi de 1884 s'applique aux ouvriers et employés des exploitations de l'État aussi bien qu'à ceux des industries privées ». C'est sur ce vote que tomba le ministère Casimir-Périer.

En ce qui concerne le droit de coalition ou de grève, quelle est la situation des ouvriers et employés des manufactures et ateliers de l'État?

Une proposition de loi, déposée sur le bureau du Sénat, le 21 décembre 1894, par M. Merlin, propose de punir « toute coalition de la part des ouvriers des arsenaux de l'État, des ouvriers ou employés des autres exploitations de l'État, des agents des Compagnies de chemins de fer, pour faire cesser, suspendre ou empêcher le travail ». Prise en considération le 21 janvier 1895, cette proposition fut modifiée par M. Trarieux, garde des sceaux du ministère Dupuy, qui trouvait que, dans ces termes, « elle dépassait la stricte limite des intérêts nationaux qui peuvent la justifier ». Le ministre proposait de prendre comme *critérium* de cette délimitation nécessaire la loi du 15 juillet 1889 sur le recrutement de l'armée. C'était laisser de côté, et très justement, les ouvriers des tabacs et des allumettes. La Commission du Sénat, elle, était d'avis de ne pas faire une loi spéciale et d'ajouter dans les termes des articles 414 et 415 du C. P. — punissant les coalitions — ces mots : « Toute coalition de la part des employés et ouvriers des établissements de la guerre et de la marine, des manufactures de tabacs et d'allumettes, des agents des compagnies de chemins de fer et des chemins de fer de l'État. » Le Sénat discuta ces différents textes en première délibération les 3 et 4 février 1896 et en seconde délibération le 16 février 1896. Le ministère Bourgeois, arrivé au pouvoir sur ces entrefaites, opéra le retrait du projet Trarieux. La Chambre reste donc saisie de la loi votée par le Sénat, qui lui a été transmise le 20 juin 1898 et, à nouveau, le 12 juin 1902. Ce texte, qui met hors de cause les employés des tabacs et des allumettes, n'est pas encore voté.

Il faut donc en conclure que, puisqu'un texte de loi a été jugé nécessaire pour priver les employés et ouvriers de l'État du droit de coalition, et que ce texte n'est pas encore voté, ces employés ou ouvriers peuvent légitimement se mettre en grève.

Alors, dira-t-on, si la grève de cette catégorie d'établissements est tout particulièrement dangereuse, on aura soin de recourir en ce cas, avec d'autant plus de diligence, aux dispositions de la loi du 27 décembre 1892.

Il n'en est rien. Lors de la discussion de la loi du 27 décembre 1892, M. Jourde demanda « que l'État fût considéré comme patron, partout où il est industriel ». Cet amendement, combattu par le gouvernement, fut repoussé par 286 voix contre 160. M. Camille Cousset reprit la même idée, dans un autre amendement ainsi conçu : « Les dispositions de la présente loi sont applicables aux ouvriers non commissionnés de l'État, employés dans les manufactures de tabac et d'allumettes ». Cet amendement, vivement combattu par M. Jules Roche, ministre du Commerce, fut repoussé. Repris encore une fois par M. Jourde avec l'addition des mots : « et aux ouvriers et employés des chemins de fer de l'État », il n'eut pas un meilleur sort. Il échoua avec 134 voix contre 273.

En réalité, les arguments de M. Jules Roche ne tendaient pas à empêcher les ouvriers et employés en question de recourir à la conciliation en cas de conflit; la discussion au cours de laquelle ils furent produits n'était pour lui qu'une occasion de dénier aux catégories d'ouvriers en question le droit de se mettre en grève, à raison des dangers qu'une telle grève pourrait faire courir à l'État. Ces dangers sont, en effet, incontestables, mais la solution du problème serait peut-être dans une législation qui tendrait à soustraire les exploitations des chemins de fer, les arsenaux, etc., à la loi commune, soit en « militarisant », comme on l'a proposé, certaines catégories de travailleurs, soit en augmentant les garanties de bonne administration.

Quoi qu'il en soit, les ouvriers de l'État ont le droit de se mettre en grève, et ils n'ont pas le droit de recourir à la loi du 27 décembre 1892, pour mettre plus facilement un terme au conflit.

Anomalie étrange, mais plus apparente que réelle. En effet, il ne faut pas oublier que la loi du 27 décembre 1892 ne crée aucun droit nouveau au profit des patrons et des ouvriers (sauf le droit peu important de recevoir gratuitement de la mairie un local pour tenir les réunions et la dispense du timbre et du droit d'enregistrement pour les procès-verbaux). Avant la loi, rien n'empêchait les intéressés de constituer un comité de conciliation ou de se soumettre à un arbitrage; rien n'en empêche aujourd'hui ceux à qui ne s'appliqueraient pas les dispositions de la loi du 27 décembre.

C'est ainsi que, lors de la grève des ouvriers allumettiers, qui dura du 17 au 29 mars 1893, nous voyons les grévistes envoyer des délégués à la direction. Il est vrai que le directeur général des manufactures nationales refusa d'abord de les recevoir. Mais les délégués, en quittant le ministère des Finances, se rendirent directement à la Chambre, où ils demandèrent à trois députés de les accompagner et il est inutile de dire qu'à leur retour au ministère des Finances, ils trouvèrent un meilleur accueil. La grève se continua par une série de démarches entre la direction et les délégués ouvriers et se termina, le 29 mars, par la capitulation de la direction. L'ouvrier Deray, secrétaire du syndicat et meneur de la grève, était repris sans conditions.

Au cours de la tentative de grève générale des chemins de fer, organisée en 1898 par le fameux comité Guérard, à la suite du congrès des employés tenu à Paris en avril 1898, nous voyons se reproduire les mêmes démarches et la Direction des chemins de fer de l'État entrer en pourparlers avec le syndicat. Le comité Guérard s'adressa même au juge de paix du Xe arrondissement de Paris, le 14 octobre 1898, pour lui demander l'application de la loi sur l'arbitrage. Ce magistrat répondit par plusieurs fins de non-recevoir indiquant un grand embarras, mais il est remarquable qu'il ne se retrancha pas derrière le rejet des amendements Jourde et C. Cousset pour opposer une fin de non-recevoir formelle.

Conclusions donc que le champ d'application de la

loi du 27 décembre 1892 ne doit pas être restreint par une interprétation littérale des termes de son article 1er. Loi de pacification sociale, il était certainement dans l'esprit de ses auteurs d'en voir étendre l'effet à toutes les circonstances où il est possible d'en espérer un bon résultat.

*Les deux caractères essentiels de la législation française.*

La loi française du 27 décembre 1892 présente deux caractères essentiels qu'il convient de signaler : Elle ne crée aucun organisme permanent, et elle n'impose aux intéressés aucune obligation, aucune contrainte.

Sur le premier point, on ne peut que regretter que la réforme soit demeurée incomplète. Le Parlement était saisi de plusieurs projets organisant des institutions permanentes, et celui même dont le titre Ier est devenu la loi du 27 décembre 1892, comportait un titre II dont le vote ne fut ajourné, disait-on, que pour peu de temps. Il y a douze ans de cela et, depuis lors, nous le verrons tout à l'heure, de nombreuses propositions de loi sont venues rappeler l'attention du Parlement sur cette question. Le Parlement n'a pas trouvé le temps de s'en occuper et c'est le dernier ministère qui a tenté de la trancher directement, en instituant par décret les conseils du travail, dont nous aurons à nous occuper à la fin de ce chapitre.

Au point où nous en sommes parvenus, après avoir passé en revue les législations étrangères, nous ne pourrions ici, sans nous répéter, nous attarder à plaider la cause des organismes permanents. Malgré d'assez sérieuses difficultés pratiques à vaincre, on peut réussir à en créer et c'est là qu'il faut tendre. Nous pensons, avec M. de Mun, que « le grand mal qui éclate, non seulement dans cette question de l'arbitrage, mais dans toutes celles qui ont trait à l'organisation du travail, c'est la séparation habituelle des patrons et des ouvriers, l'état d'isolement où ils vivent ». Nous n'oublions pas les terribles difficultés qu'ont rencontrées au début les entreprises de M. Mundella et de M. Kettle et pourtant, lorsque M. J. Weeks, délégué par le gouvernement américain, visita et étudia le conseil de Nottingham, il put constater que la confiance et les égards mutuels existaient là où, jadis, il n'y avait que méfiance et haine, et il pouvait alors écrire avec vérité à son gouvernement : « Le contact a développé le respect. Les relations du capital et du travail ont changé ; patrons et ouvriers se rencontrent en égaux autour d'une table, ce fait suffit pour rendre impossible le retour des maux d'autrefois. En grande partie, ajoutait-il, ce succès et l'amélioration des rapports entre patrons et ouvriers sont dus à ce que le conseil a des réunions régulières. J'estime que c'est là le meilleur côté de l'institution ». M. Léon Harmel exprimait la même idée quand il écrivait : « La question ouvrière est, pour une bonne part, une question d'égards. »

On ne peut donc que regretter cette lacune fâcheuse de la loi française.

Il faut au contraire la louer d'avoir su éviter toute mesure coercitive, et de s'être nettement prononcé contre l'idée de l'arbitrage obligatoire.

On peut rendre obligatoire une tentative de conciliation, ou l'exécution de l'arrangement librement consenti lors de cette tentative. On peut aussi, comme en Nouvelle-Zélande, organiser véritablement un arbitrage obligatoire.

La loi française ne connaît aucune de ces contraintes. Chaque partie est libre de recourir à la conciliation ou de ne pas y recourir; la partie à qui est transmise la demande de conciliation est libre de n'y pas répondre; chaque partie est encore libre de répondre ou de ne pas répondre à l'invitation du juge de paix, agissant en vertu de l'article 10 en cas de grève déclarée; ce magistrat, en cas d'échec de la tentative de conciliation, *invite* seulement les intéressés à recourir à l'arbitrage, c'est dire qu'ils peuvent ne pas déférer à cette invitation; enfin, tous les procès-verbaux rédigés lors de la tentative de conciliation sont rendus publics. C'est la seule sanction que la loi du 27 décembre ait voulu instituer et il résulte du rejet de l'amendement Trarieux, sous l'art. 12, que le Parlement n'a voulu en rien toucher aux principes formulés par l'article 1780 du code civil en matière de louage de services.

La Chambre fut mise par M. Camille Raspail et ensuite par l'amendement Basly, en mesure de se prononcer nettement sur la question de l'obligation.

Par trois fois elle condamna le principe; d'abord en repoussant au scrutin la proposition Raspail qui organisait, on s'en souvient, l'arbitrage obligatoire, puis en écartant à la suite les deux amendements proposés par M. Basly. M. Loubet, lors de la discussion de l'interpellation sur la grève de Carmaux, avait indiqué à la Chambre qu'il y aurait de grands avantages et même une nécessité nationale à rendre le recours à l'arbitrage obligatoire dans les conflits intéressant l'industrie minière. M. Viette, ministre des travaux publics, avait tenu le même langage. Paroles imprudentes et prononcées, sans doute, sous le coup de l'émotion des débats, car quand on se trouva en face de l'amendement Basly, qui tendait à faire passer cette exception dans le texte de la loi, le gouvernement et la commission se trouvèrent d'accord pour en demander le rejet, qui fut prononcé par la Chambre à une forte majorité (354 contre 154). M. Basly déposa alors un nouvel amendement, tendant à rendre obligatoire, dans les conflits relatifs aux mines, non plus l'arbitrage mais une tentative de conciliation. 317 voix contre 173 se prononcèrent pour le rejet de ce nouvel amendement.

## Commentaire de la loi du 27 décembre 1892.

Il était nécessaire de présenter les observations qui précèdent pour bien déterminer le caractère et la portée d'application de la loi du 27 décembre 1892. Quant aux dispositions mêmes de la loi, nous allons maintenant les passer en revue très rapidement.

### FORMATION D'UN COMITÉ DE CONCILIATION.

*Art.* 2. « *Les patrons, ouvriers ou employés adressent soit ensemble soit séparément, en personne ou par mandataires, au juge de paix du canton ou de l'un des cantons où existe le différend une déclaration écrite contenant : 1° les noms, qualités et domiciles des demandeurs ou de ceux qui les représentent; 2° l'objet du différend, avec l'exposé succinct des motifs allégués par la partie; 3° les noms, qualités et domiciles des personnes auxquelles la proposition de conciliation ou d'arbitrage doit être notifiée; 4° les noms, qualités et domiciles des délégués choisis parmi les intéressés par les demandeurs, pour les assister ou les représenter, sans que le nombre des personnes désignées puisse être supérieur à cinq. »*

*Art. 3. « Le juge de paix délivre récépissé de cette déclaration avec indication de la date et de l'heure du dépôt et la notifie sans frais, dans les vingt-quatre heures, à la partie adverse ou à ses représentants, par lettre recommandée et, au besoin, par affiches apposées aux portes de la justice de paix des cantons ou à celles de la mairie des communes sur le territoire desquelles s'est produit le différend. »*

*Art. 4. « Au reçu de cette notification et, au plus tard, dans les trois jours, les intéressés doivent faire parvenir leur réponse au juge de paix. Passé ce délai, leur silence est tenu pour refus.*

*« S'ils acceptent, ils désignent dans leur réponse les noms, qualités et domiciles des délégués choisis pour les assister ou les représenter, sans que le nombre des personnes désignées puisse être supérieur à cinq.*

*« Si l'éloignement ou l'absence des personnes auxquelles la proposition est notifiée, ou la nécessité de consulter des mandants, des associés ou un conseil d'administration, ne permettent pas de donner une réponse dans les trois jours, les représentants desdites personnes doivent, dans ce délai de trois*

*jours, déclarer quel est le délai nécessaire pour donner cette réponse. Cette déclaration est transmise par le juge de paix dans les vingt-quatre heures. »*

Ces trois articles n'appellent aucun commentaire.

Le juge de paix a été choisi comme intermédiaire entre les parties parce qu' « il est investi de l'estime et de la considération publiques, étranger aux luttes politiques, désintéressé dans les querelles industrielles, aussi rapproché que possible du théâtre du conflit ». Ainsi s'exprime la Circulaire du 18 février 1893 aux procureurs généraux.

Le juge de paix n'a, du reste, qu'un rôle très passif : il reçoit la demande de conciliation et la fait parvenir. Quand cette demande est remise par des mandataires (art. 2, § 1er), la Circulaire aux procureurs généraux impose au juge de paix une obligation qui sera, la plupart du temps, irréalisable. « Il devra, dit le ministre de la Justice, sans qu'il y ait lieu d'assujettir la preuve du mandat à aucune forme solennelle, en vérifier avec soin l'existence et l'étendue. »

Mais comment procéder? Le juge de paix sera bien obligé de s'en rapporter à l'affirmation des mandataires eux-mêmes, si des circonstances particulières ou des protestations ne viennent pas éveiller sa méfiance.

## LE COMITÉ DE CONCILIATION.

*Art. 5. « Si la proposition est acceptée, le juge de paix invite d'urgence les parties ou les délégués désignés par elles, à se réunir en comité de conciliation.*

*« Les réunions ont lieu en présence du juge de paix, qui est à la disposition du comité pour diriger les débats. »*

*Art. 6. « Si l'accord s'établit dans ce comité, sur les conditions de la conciliation, ces conditions sont consignées dans un procès-verbal dressé par le juge de paix et signé par les parties ou leurs délégués. »*

Le texte actuel de l'article 5 a été établi lors de la discussion au Sénat. La première rédaction exigeait que les délégués fussent en nombre égal de chaque côté et parlait de donner voix seulement délibérative au juge de paix et aussi aux plus jeunes délégués de la partie, représentée par un nombre de délégués plus grand que l'autre partie. C'était laisser supposer que dans le comité de conciliation, on devait procéder à un vote, qu'il était, en réalité, un premier tribunal arbitral. C'était méconnaître la nature spéciale de la tentative de conciliation et prêter à une confusion très regrettable entre la conciliation et l'arbitrage.

MM. Félix Martin et Poirrier présentèrent des observations dans ce sens; M. Diancourt, président de la commission, s'y associa. Il disait notamment : « Le point que je tiens à établir en ce moment, c'est que vous ne vous trouvez pas en présence d'arbitres qui ont un vote à émettre, comme dans le second cas, mais d'une simple consultation. »

Le texte de l'art. 5 fut donc modifié afin d'éviter toute équivoque. Le texte de la Circulaire du garde des sceaux aux procureurs généraux (18 février 1893) précise, du reste, très nettement cette différence.

Le rôle du juge de paix dans le comité de conciliation est tout aussi clairement indiqué dans la même Circulaire. « Il ne figure pas dans le comité de conciliation comme un juge appelé à statuer sur les prétentions contradictoires des parties en cause; il n'est pas non plus président de droit de cette sorte de conseil de famille, et loin d'avoir une voix prépondérante dans les discussions, il n'y a pas même voix délibérative. Il y a plus, il ne peut présider la réunion et diriger le débat que si les parties intéressées en manifestent le désir (art. 5). Il assistera néanmoins à la réunion, où sa présence sera une garantie de convenance dans la discussion. » Du reste, il faut bien qu'il y assiste puisqu'il a la mission de rédiger le procès-verbal en cas d'accord (art. 6) et même, pensons-nous, s'il n'y a pas d'accord (argument de l'art. 12).

## L'ARBITRAGE.

*Art. 7. « Si l'accord ne s'établit pas, le juge de paix invite les parties à désigner soit chacune un ou plusieurs arbitres, soit un arbitre commun.*

*« Si les arbitres ne s'entendent pas sur la solution à donner au différend, ils pourront choisir un nouvel arbitre pour les départager. »*

*Art. 8. « Si les arbitres n'arrivent à s'entendre ni sur la solution à donner au différend, ni pour le choix de l'arbitre départiteur, ils le déclareront sur le procès-verbal et cet arbitre sera nommé par le Président du Tribunal civil, sur le vu du procès-verbal qui lui sera transmis d'urgence par le juge de paix. »*

*Art. 9. « La décision sur le fond, prise, rédigée et signée par les arbitres, est remise au juge de paix. »*

Les textes que nous venons de transcrire et qui organisent l'arbitrage, n'appellent aucun commentaire. Signalons le rejet, au cours de la discussion, de deux amendements de M. Poirrier, l'un demandant qu'il fût imparti aux arbitres un délai de huit jours pour se prononcer, et l'autre que les arbitres désignés par les parties choisissent un tiers-arbitre avant toute discussion.

L'art. 8 fut introduit dans la loi par un amendement de M. Grousset. Dans le texte primitif il était dit que si les arbitres ne pouvaient tomber d'accord ni sur la solution à donner au différend, ni sur le choix d'un tiers-arbitre, leur mission était terminée. La proposition de M. Grousset donna lieu à de très vives discussions. Tout le monde n'était pas d'accord sur la nécessité de faire désigner ce tiers-arbitre par un personnage plus ou moins qualifié et étranger au débat, ni sur la désignation du personnage à qui serait confiée cette délicate mission.

En fait, la disposition de l'art. 8, inspirée des dispositions de l'art. 1017 du C. Pr. C., est restée presque sans aucune application.

Cet emprunt fait au Code de Procédure aurait pu créer quelques doutes sur le point de savoir si les règles de l'arbitrage du Code de Procédure, s'appliquent à l'arbitrage spécial de la loi du 27 décembre 1892. Aussi M. le Ministre de la Justice, dans sa Circulaire du 18 février, a-t-il jugé nécessaire de mettre en garde les intéressés contre toute assimilation.

### INITIATIVE DU JUGE DE PAIX.

*Art.* 10. « *En cas de grève, à défaut d'initiative de la part des intéressés, le juge de paix invite d'office et par les moyens indiqués à l'art.* 3, *les patrons, ouvriers et employés et leurs représentants, à lui faire connaître dans les trois jours :*

« 1° *L'objet du différend avec l'exposé succinct des motifs allégués ;*

« 2° *Leur acceptation ou refus de recourir à la conciliation et à l'arbitrage ;*

« 3° *Les noms, qualités et domiciles des délégués choisis, le cas échéant, par les parties, sans que le nombre désigné de chaque côté puisse être supérieur à cinq ;*

« *Le délai de trois jours pourra être augmenté pour les causes et dans les conditions indiquées dans l'article* 4.

« *Si la proposition est acceptée, il sera procedé conformément aux articles* 5 *et suivants.* »

L'article 10 se borne à permettre au Juge de paix de proposer ses bons offices aux intéressés pour la formation d'un Comité de conciliation, lorsqu'il y a grève déclarée. On peut espérer par ce moyen amener à une entente des gens que l'amour-propre seul empêche de faire la première démarche. On s'explique donc mal l'opposition très vive que l'art. 10 rencontra tant à la Chambre, où il fut introduit par un amendement de M. Frédéric Grousset, qu'au Sénat où M. Trarieux s'éleva vivement contre les dangers d'une intervention obligatoire du juge de paix. Dans le texte primitif de l'art. 10 le Juge de paix avait, en effet, l'obligation d'intervenir pour proposer la constitution d'un Comité de conciliation. A cette époque — il y a douze ans ! — une simple démarche du Juge de paix paraissait dangereuse parce qu'elle était obligatoire. Aujourd'hui, le mot « obligation » est devenu, par malheur, un des plus fréquemment employés dans la législation ouvrière ; on parle non plus d'une démarche obligatoire du Juge de paix auprès des grévistes, mais de la constitution obligatoire d'un Comité de conciliation et même de la comparution obligatoire devant une Cour d'arbitrage. Quel chemin parcouru ! Et si, peut-être, nos pères étaient un peu ombrageux quand il s'agissait de leur liberté, ne semble-t-il pas que nous soyons en train de perdre le sens même de la liberté !

### SANCTION DE LA LOI.

*Art. 11. « Les procès-verbaux et décisions mentionnés aux articles* 6, 8 *et* 9 *ci-dessus sont conservés en minute, au greffe de la Justice de paix, qui en délivre gratuitement une expédition à chacune des parties et en adresse une autre au Ministre du Commerce et de l'Industrie par l'entremise du préfet. »*

*Art. 12. « La demande de conciliation et d'arbitrage, le refus ou l'absence de réponse de la partie adverse, la décision du Comité de conciliation ou celle des arbitres, notifiés par le Juge de paix au maire des communes où s'étendait le différend, sont, par chacun de ces maires, rendus publics par affichage à la place réservée aux publications officielles.*

« *L'affichage de ces décisions pourra, en outre, se faire par les parties intéressées. Les affiches seront dispensées du timbre.* »

Une large publicité donnée à tous les documents importants de la procédure de Conciliation et d'Arbitrage, telle est la sanction adoptée par la loi du 27 décembre 1892. Il a paru, d'une part, qu'elle n'était pas aussi inefficace que certains voulaient bien le dire et, d'autre part, que, seule, dans ces matières délicates, elle assurait le respect du principe de la liberté des conventions.

Ainsi fut repoussée à la Chambre la proposition Lafargue, tendant à donner aux décisions du « Comité d'arbitrage » la même force qu'à une décision de justice. Cette proposition de M. Lafargue, comme celle de M. Trarieux au Sénat, demandant que « l'accord établi en conciliation et la décision rendue par les arbitres soient déclarés exécutoires aussitôt après leur affichage, dans les conditions mêmes du contrat de louage qu'ils auront modifié ou confirmé », témoignent d'une entente incomplète de la situation. Malgré tout, on voit dans cette affaire une sorte de Tribunal et on attend une sentence. Il n'en est rien. Patrons et ouvriers, soit d'eux-mêmes, soit en déléguant leurs pouvoirs à des arbitres, ont interprété ou modifié le contrat de louage de services qui les liait. Mais, après comme avant, c'est toujours ce modèle de contrat qui les lie, avec ses obligations et ses droits réciproques, notamment avec le droit

— art. 1780 du C. C. — pour chacune des parties de rompre ce contrat — c'est-à-dire de congédier un ouvrier ou de quitter le travail — et corrélativement le droit pour la partie qui a souffert de la brusque rupture du contrat en dehors des délais d'usage, de demander des dommages-intérêts.

Rien ne paraît, pourtant, plus simple que cela.

### ARBITRES, DÉLÉGUÉS, LOCAUX, FRAIS, etc.

Art. 15. « *Les arbitres et les délégués nommés en exécution de la présente loi devront être citoyens français.*

« *Dans les professions ou industries où les femmes sont employées elles pourront être désignées comme déléguées, à la condition d'appartenir à la nationalité française.* »

Art. 13. « *Les locaux nécessaires à la tenue des Comités de conciliation et aux réunions des arbitres sont fournis, chauffés et éclairés par les communes où ils siègent.*

« *Les frais qui en résultent sont compris dans les dépenses obligatoires des communes.*

« *Les dépenses des Comités de conciliation et d'arbitrage seront fixées par arrêté du préfet du département et portées au budget départemental comme dépenses obligatoires.* »

Art. 14. « *Tous actes faits en exécution de la présente loi seront dispensés du timbre et enregistrés gratis.* »

Art. 16. « *La présente loi est applicable aux Co-*

*lonies de la Guadeloupe, de la Martinique et de La Réunion.* »

Ces derniers articles de la loi n'appellent aucun commentaire. L'art. 15 a été ajouté au texte primitif de la loi : le § 1er par un amendement de M. Lechevallier lors de la discussion à la Chambre et le § 2 par la Commission du Sénat.

## Résultats pratiques de la loi du 27 décembre 1892.

Les résultats pratiques de la loi du 27 décembre 1892 sont consignés tous les ans dans un volume publié par l'Office du travail (*Statistique des grèves et des recours à la conciliation et à l'arbitrage pendant l'année.....*) et résumés dans le *Bulletin de l'Office du Travail.*

Ils sont de nature à nous éclairer sur l'utilité de cette loi et sur ses défauts, il convient donc de les faire connaître avant d'analyser rapidement les très nombreux projets ou propositions de loi qui, depuis 1892, ont été soumis au Parlement pour compléter, amender, ou remplacer la loi du 27 décembre 1892.

Les voici d'abord réunis dans un Tableau statistique [1].

Assurément ceux qui ont voté la loi du 27 décembre 1892 ne pouvaient pas se faire l'illusion que les grèves allaient cesser comme par miracle; néanmoins les résultats donnés par la loi nouvelle peuvent paraître insuffisants. En moyenne, dans 25 % des conflits, il a été fait des propositions d'application de la loi. Ces propositions n'ont pas été naturel-

1. *Voir les deux Tableaux ci-contre.*

## RECOURS A LA LOI DU 27 DÉCEMBRE 1892

| ANNÉES. | NOMBRE total des grèves. | NOMBRE total des recours à la loi du 27 décembre 1892. | PROPORTION % des recours à la loi. | RECOURS A LA CONCILIATION | | | | | RECOURS A L'ARBITRAGE | | |
|---|---|---|---|---|---|---|---|---|---|---|---|
| | | | | RECOURS formés avant la cessation du Travail. | RECOURS par les ouvriers. | RECOURS par les patrons. | RECOURS par les ouvriers et les patrons. | INTERVENTION du Juge de paix (art. 10). | NOMBRE total des recours à l'arbitrage. | PROPOSITIONS acceptées. | PROPOSITIONS repoussées. |
| **1893** | 634 | 109 | 17,19 | 7 | 56 | 5 | 2 | 46 | 18 | 3 | 15 |
| **1894** | 391 | 101 | 25,83 | 7 | 51 | 4 | 2 | 44 | 16 | » | 16 |
| **1895** | 405 | 84 | 20,74 | 5 | 46 | 2 | 3 | 34 | 22 | 5 | 17 |
| **1896** | 476 | 104 | 21,86 | 6 | 57 | 4 | 4 | 39 | 22 | 3 | 19 |
| **1897** | 356 | 88 | 24,71 | 3 | 46 | 4 | 1 | 37 | 23 | 5 | 18 |
| **1898** | 368 | 94 | 25,54 | 2 | 57 | 3 | 2 | 32 | 20 | 2 | 18 |
| **1899** | 740 | 190 | 26,62 | 2 | 112 | 1 | 4 | 80 | 40 | 6 | 34 |
| **1900** | 902 | 234 | 25,94 | 9 | 141 | 6 | 8 | 79 | 51 | 21 | 30 |
| **1901** | 523 | 142 | 27,15 | 6 | 67 | 5 | 3 | 67 | 19 | 8 | 11 |
| **1902** | 512 | 107 | 20,89 | 4 | 60 | 5 | 2 | 40 | 15 | 4 | 11 |
| **1903** | 567 | 152 | 26,80 | 9 | 89 | 3 | 2 | 58 | 20 | 4 | 16 |

## RÉSULTATS DE LA LOI DU 27 DÉCEMBRE 1892

| ANNÉES. | NOMBRE total des grèves. | CONCILIATION | | ARBITRAGE | | GRÈVES TERMINÉES PAR L'INTERVENTION | | | |
|---|---|---|---|---|---|---|---|---|---|
| | | NOMBRE de Comités constitués. | NOMBRE de différends terminés par eux. | NOMBRE de Conseils d'arbitrage constitués. | NOMBRE de différends terminés par eux. | des Préfets et Sous-Préfets. | des Maires. | des Syndicats ou Fédérations. | d'autres personnes. |
| 1893....... | 634 | 54 | 27 | 3 | 3 | » | » | » | » |
| 1894....... | 391 | 65 | 32 | » | » | » | » | » | » |
| 1895....... | 405 | 49 | 21 | 5 | 3 | 7 | 15 | 24 | » |
| 1896....... | 476 | 53 | 21 | 3 | 1 | 6 | 12 | 27 | » |
| 1897....... | 356 | 54 | 25 | 5 | 5 | 7 | 11 | 15 | » |
| 1898....... | 368 | 52 | 18 | 2 | 1 | 7 | 11 | 26 | 1 |
| 1899....... | 740 | 105 | 36 | 6 | 6 | 30 | 12 | 23 | 10 |
| 1900....... | 902 | 128 | 60 | 21 | 18 | 22 | 19 | 16 | 8 |
| 1901....... | 523 | 72 | 38 | 8 | 8 | 22 | 11 | 10 | 4 |
| 1902....... | 512 | 59 | 32 | 4 | 2 | 9 | 7 | 16 | 3 |
| 1903....... | 567 | 93 | 42 | 4 | 2 | 24 | 37 | 45 | 12 |

lement toutes acceptées et le nombre des comités constitués n'a été, en réalité, que de 13,34 % du nombre total des grèves; celui des conseils d'arbitrage de 1,22 %; celui des arrangements directement intervenus devant le juge de paix de 5,99 %; celui des sentences arbitrales rendues de 0,83 %.

Ces chiffres doivent naturellement être interprétés. Ainsi, il est bien certain que beaucoup de conflits, qui n'ont pas trouvé leur solution devant le juge de paix, se sont ensuite arrangés plus aisément par suite des explications échangées devant ce magistrat: on s'est séparé sans conclure, puis, à la réflexion, les renseignements obtenus ont porté leur fruit.

Par contre, il faut aussi remarquer que, dans le nombre des recours à la loi, les interventions d'office du juge de paix entrent pour une large proportion (40,28 % en moyenne), or ces interventions, si elles sont désirables en tant qu'elles provoquent des explications, n'impliquent nullement un désir de conciliation de la part des belligérants, puisqu'elles n'émanent pas d'eux. On pourrait en dire autant d'un nombre, d'ailleurs impossible à déterminer, de recours émanant directement des ouvriers. Ceux-ci très souvent, au début d'une grève, s'adressent au juge de paix, sachant très bien que le patron ne voudra pas comparaître, et dans le seul but de provoquer un refus, dont ils se prévaudront ensuite contre lui dans un appel à l'opinion publique.

Les résultats statistiques nous révèlent encore le nombre extrêmement réduit des recours avant la déclaration de grève (1,02 % du nombre total des grèves). Le nombre des recours émanant des patrons et des ouvriers réunis est moins important encore (0,56 %). Les ouvriers s'adressent assez souvent au juge de paix (13,31 %); les patrons très rarement (0,71 %).

Les patrons montrent incontestablement une certaine méfiance à l'égard de la formation des comités de conciliation : la raison en est surtout qu'ils y rencontrent d'ordinaire en face d'eux les beaux parleurs et les fortes têtes de leur usine, et que d'ailleurs ils n'ont aucun moyen de connaître et de contrôler le mandat dont ces délégués sont ou se disent investis. C'est là un des vices de la loi ; il est vrai que la question est délicate et des plus difficiles à résoudre.

Il est impossible aussi de ne pas remarquer que l'arbitrage a donné très peu de résultats ; le nombre des comités constitués a été infime. Mais, par contre, les décisions arbitrales ont toujours mis fin au conflit. On a bien vu quelquefois les ouvriers refuser de se soumettre à une sentence arbitrale qu'ils avaient provoquée — et même y être encouragés par leurs meneurs politiques — mais toujours cette résistance a été de courte durée. L'opinion publique s'est prononcée — à Carmaux, dans la Loire et tout récemment à Marseille — contre ceux qui, ayant accepté le principe de l'arbitrage, se dérobaient ensuite à l'exécution de la sentence, et leur a imposé la reprise du travail aux conditions de la sentence arbitrale. Ce qui prouve que le recours à l'opinion publique n'est pas une sanction aussi platonique qu'on a bien voulu le dire — à la condition toutefois de lui demander de se prononcer sur une question de principe et dans une situation simple et claire.

Il est facile de constater, en feuilletant un des volumes publiés annuellement par l'Office du travail sur les grèves et les recours à la conciliation et à l'arbitrage, que les ouvriers s'adressent souvent non pas au juge de paix mais aux députés, maires, préfets et sous-préfets, pour leur demander d'organiser une tentative de conciliation, ou plus souvent d'exercer une pression en leur faveur sous prétexte d'arbitrage.

Depuis quelques années, l'Office du travail fait figurer dans ses statistiques le chiffre de ces interventions et il est aisé de constater que ce nombre ne diminue pas. C'est un symptôme fâcheux, car, le plus souvent, quand on demande la médiation d'un élu ou d'un fonctionnaire politique, comme le préfet, au lieu de s'adresser au patron intéressé, soit directement soit par l'intermédiaire du juge de paix, on peut craindre que la grève ne soit pas entièrement dégagée de préoccupations électorales. Quoi qu'il en soit, le nombre de ces interventions ne semble pas devoir diminuer. On en compte : en 1895 11,35 % ; en 1896 9,45 % ; en 1897 9,26 % ; en 1898 12,22 % ; en 1899 10,13 % ; en 1900 6,98 % ; en 1901 8,98 % ; en 1902 6,83 % ; en 1903 20,81 %.

En résumé, ceux-là n'avaient pas tort qui pensaient, en 1892, que le Parlement, en renvoyant à plus tard la question des conseils permanents, amputait le projet de loi de sa partie essentielle. Le recours à la conciliation et à l'arbitrage ne peut entrer dans nos mœurs que par une confiance et une éducation réciproques. Cette éducation et cette confiance ne peuvent résulter que de rapports et de contacts de plus en plus fréquents. C'est là précisément le but et l'effet des conseils permanents. M. Weeks, commissaire américain, disait à propos du conseil de Nottingham : « si les Conseils perdaient le caractère de tribunaux d'arbitrage et ne subsistaient plus que pour maintenir des rapports réguliers entre industriels et ouvriers, leur établissement dans le pays tout entier produirait encore des bienfaits incalculables ».

## Propositions et projets postérieurs à la loi du 27 décembre 1892.

La meilleure preuve que la loi du 27 décembre a semblé généralement donner des résultats insuffisants, c'est l'abondance des projets ou propositions de loi ayant pour objet de l'amender ou de la remplacer. Même en tenant compte de la manie législative des parlementaires et de la superstition assez générale, qui consiste à croire aveuglément à la toute-puissance de la loi, pour guérir les maux sociaux comme pour régler les intérêts, il y a là un symptôme dont il convient de tenir compte.

Une rapide revue de ces divers projets nous semble nécessaire; elle montrera surtout combien les idées ont « marché » en France depuis trente ans, dans le sens de la contrainte et de l'intervention de l'État.

Nous ne mentionnerons qu'en passant la *proposition de Ramel* (Chambre, 14 décembre 1893) qui n'offre aucune particularité et la *proposition Mesureur* (Chambre, 20 janvier 1894) qui n'est que la reproduction de la proposition déposée avant la loi du 27 décembre, et nous arrivons de suite au *projet André Lebon,* ministre du Commerce (Séance du 8 juillet 1895. Doc. Parl., Ch., n° 1465).

Après l'ajournement de la deuxième partie du projet Jules Roche, le Conseil supérieur du travail, dans sa session de mars 1895, adopta quatre vœux en faveur 1° de la libre constitution par les patrons et les ouvriers (non syndiqués) de Conseils permanents mixtes de conciliation et d'abitrage ; 2° de la création par les syndicats légalement constitués de Conseils permanents de même nature et tendant au même but. 3° Les membres de ces Conseils devaient être choisis parmi les personnes exerçant ou ayant exercé la profession, et 4° ces Conseils devaient jouir des avantages accordés par la loi du 27 décembre aux Conseils temporaires.

S'inspirant de ces idées et très persuadé que la conciliation ne peut donner de bons résultats que si elle est pratiquée par des organismes permanents, le gouvernement élabora un projet, dont voici les grandes lignes.

On reconnaît à tous les intéressés le droit de s'associer en un nombre quelconque pour former des Conseils permanents (ceci était nécessaire, car la loi du 1er juillet 1901 n'avait pas encore reconnu le droit d'association). Suivent quelques dispositions spéciales sur la rédaction des statuts, leur dépôt, mode de convocation, périodicité des séances etc. Les Conseils permanents ont naturellement des attributions permanentes en dehors de tout conflit — il faut bien occuper ces séances périodiques. C'est ainsi que le patron est obligé de soumettre au Conseil ses règlements d'atelier. — Il est obligé de les lui soumettre pour qu'il les discute, mais il n'est pas obligé d'obtenir son approbation; en fin de compte c'est lui qui décidera de leur mise en vigueur. — En cas de conflit, le bureau du Conseil pourra être investi par la confiance des parties du rôle attribué par la loi du 27 décembre au juge de paix. Rien ne s'oppose, du reste, à ce que les parties recourent à un arbitrage. Ce projet de loi, en somme, est libéral et s'inspire des idées suivantes, exprimées dans l'exposé des motifs : que la vraie attribution des Conseils doit être la conciliation; qu'en cette matière le législateur ne saurait intervenir par voie d'obligation; qu'une large place doit être laissée à l'initiative individuelle.

Le parti socialiste ne pouvait naturellement pas approuver de telles idées. Dès le 28 octobre 1895, à propos d'une proposition de loi ayant pour objet de prévenir la dépression des salaires, M. Coutant prétendait « interdire au patron, sous peine d'expropriation, d'arrêter brusquement le travail tout en ayant des commandes ou de refuser de le reprendre aux conditions antérieures au conflit ».

Ces idées allaient prendre corps dans la *proposition Dejeante* (Séance du 7 novembre 1895. Doc. Parl., Ch., n° 1588). Le patron en conflit avec son personnel est obligé 1° d'accepter l'arbitrage; 2° d'exécuter intégralement la sentence rendue. La sanction de cette obligation est, pour les usines qui occupent moins de cent ouvriers, la condamnation par le juge de paix à une amende égale aux pertes subies par le personnel du fait de la cessation de travail. Pour les autres, c'est encore le juge de paix qui est chargé, cette fois, de prononcer la saisie provisoire immédiate, de confier à une délégation des ouvriers le soin de continuer l'exploitation et de contrôler lui-même, avec le concours de la municipalité, la gestion des délégués. Pendant que se poursuit cette gestion provisoire, le juge de paix et la municipalité procèdent à l'estimation des objets saisis et fixent l'indemnité qui sera due au patron exproprié. Nous disons : due et non payée, car le paiement devra être effectué sur les *bénéfices* et on comprend le peu de certitude du recouvrement d'une telle créance.

Il est juste de dire que cette étonnante proposition de loi ne fut prise au sérieux par personne. On était alors au moment le plus aigu de la grande grève de Carmaux; M. Rességuier, décidé à ne pas accepter l'*ultimatum* des ouvriers, avait préféré éteindre ses fours et cette circonstance explique — sans l'excuser — cette réclame électorale.

Quelques mois plus tard, le Rapporteur de la commission parlementaire compétente, M. Ch. Ferry, exécutait en ces termes le projet qui nous occupe : « cette conception du Socialisme révolutionnaire n'ayant rencontré aucun appui dans votre commission, a été écartée sans débat ».

Avec la *proposition Michelin* (Séance du 7 novembre 1895, n° 1592), nous rentrons dans le domaine des projets raisonnables.

Aucune particularité d'ailleurs à signaler : il s'agit simplement de créer par décret des Conseils du travail, très semblables aux Conseils belges et avec des attributions identiques.

Peu de jours après, dans la séance du 21 novembre, *M. Jaurès* déposa une *proposition nouvelle* (n° 1616). Il commence par se prononcer énergiquement contre l'arbitrage obligatoire. « Manœuvré, dit-il, par un pouvoir habile, il supprimerait absolument le droit de grève; ce serait la plus formidable police gouvernementale qui ait été instituée sur le travail et contre lui ».

Quant au projet, il ne se rattache que de loin, malgré son titre, à la question qui nous occupe : la loi de 1892 sera affichée dans les ateliers et syndicats, le juge de paix pourra intervenir avant tout conflit, le patron devra communiquer au syndicat copie authentique des règlements d'atelier, enfin tout patron qui renverra un ouvrier « pour sa participation à l'action syndicale ou politique » sera passible d'une amende de 100 à 1.000 francs. C'est à ce dernier article que tendait tout le projet. C'est, on le voit, la fameuse proposition de loi *Bovier-Lapierre,* avec le mot « politique » en plus.

La proposition *Albert de Mun* (Séance du 25 novembre 1895, n° 1625) se borne, dans une première partie, à consacrer législativement le droit de s'associer pour fonder des Conseils permanents de conciliation et d'arbitrage. La deuxième partie est relative à diverses améliorations à apporter à la loi sur les syndicats.

Lors de la discussion sur la proposition *Jaurès,* le gouvernement avait annoncé qu'il déposerait incessamment un projet de loi sur l'arbitrage; il le fit dans la séance du 23 janvier 1896, c'est le *projet Mesureur* (n° 1746), tendant non pas à remplacer mais à compléter la loi du 27 décembre 1892.

La création d'organismes permanents paraît sans doute très désirable, mais il s'agit là d'une bien grosse réforme; la question a besoin d'être mûrie;

d'un autre côté, chercher dans l'obligation un remède à l'inefficacité des décisions rendues est très dangereux; le gouvernement ne veut pas du recours obligatoire à l'arbitrage qui lui paraît contraire à l'idée même d'arbitrage; il ne veut pas davantage accorder une force obligatoire à la sentence rendue, pour de multiples motifs qui ont été exposés lors de la discussion de la loi du 27 décembre; il propose donc de rendre obligatoire la tentative de conciliation.

A cet effet, le texte de la loi du 27 décembre est modifié; le juge de paix est obligé d'intervenir, même sans qu'il y ait grève déclarée, et d'inviter les parties à ne pas cesser le travail ou à le reprendre pendant le cours des négociations; enfin, la sanction du recours obligatoire à l'arbitrage consiste en une amende de 1 à 15 francs. Cette sanction, pour anodine qu'elle paraisse à cause du chiffre minime de l'amende, n'échappe pas au reproche de frapper efficacement les seuls patrons et, du reste, on peut se demander s'il est bien utile de conduire de force les patrons devant un comité de conciliation, s'ils doivent s'y rendre avec l'idée bien arrêtée de ne rien entendre, ou si le différend est de ceux sur lesquels toute transaction est impossible.

La commission du travail, saisie des différents projets que nous venons d'analyser (rapport de M. Ch. Ferry, Séance du 23 mars 1896, n° 1862), se rallia au projet du gouvernement, non sans y faire de graves objections et d'importantes modifications.

Le principe du recours obligatoire à la conciliation ne fut adopté qu'à contre-cœur. « La majorité, dit le rapporteur, n'a été amenée à voter ce principe que par cette considération qu'elle ne pouvait refuser au gouvernement une loi qu'il demande sous sa responsabilité, dans le but louable de diminuer les conflits entre le capital et le travail. »

Au reste, la commission n'approuve pas plus que le principe même de l'obligation, le moyen imaginé par les auteurs du projet pour le rendre applicable aux ouvriers aussi bien qu'aux patrons. Il lui semble impossible de rendre responsables du défaut de tentative de conciliation, comme le proposait le ministre : « les administrateurs des syndicats professionnels s'il en existe, ou tous autres qui auront accepté le mandat de représenter les ouvriers et de défendre leurs intérêts auprès des patrons et de leurs représentants ». Il a semblé impossible de rendre ainsi responsables les administrateurs de syndicats, en cette seule qualité, sans porter atteinte au principe de la liberté syndicale. Aussi la rédaction suivante a-t-elle prévalu : « Sont passibles de l'amende, les patrons et chefs d'industrie et les représentants ou mandataires des ouvriers... désignés dans la déclaration... et dans la réponse... » Dans le même ordre d'idées, la commission a bien accepté le principe d'une pénalité pour contraindre les ouvriers à formuler par écrit les motifs qui les empêchaient d'ajourner la déclaration de grève, mais elle a voulu que cette peine fût une simple amende.

Il était, pensons-nous, nécessaire d'insister un peu sur le premier projet de loi qui a accepté l'idée d'obligation et sur l'accueil qu'il reçut dans la commission de la Chambre. Il ne put pas venir en discussion avant la fin de la législature.

L'idée de rendre obligatoire la tentative de conciliation fit, du reste, son chemin. MM. Bovier-Lapierre et Ch. Ferry ayant repris pour leur compte le Projet Mesureur, modifié comme nous venons de le voir, le rapport déposé par la nouvelle commission du travail dans la séance du 24 mai 1899 (nº 962) disait : « Nous devons déclarer qu'à notre connaissance aucune réclamation ne s'est élevée contre ce principe, depuis trois ans que le projet de loi est connu. Il a eu au contraire cette rare fortune d'être également bien accueilli par le monde patronal et par le monde ouvrier. Plusieurs Chambres de commerce importantes se sont prononcées en sa faveur. »

Au même moment, au Sénat, M. *Magnien* s'inspirant de la même idée, déposait une *proposition de loi,* qui fut prise en considération le 30 juin par la commission d'initiative parlementaire et le 3 juillet 1899 par le Sénat (Annexes Sénat, nºs 174 et 195).

Il s'agit dans cette proposition de rendre obligatoire, sous peine d'une amende de 1 à 15 francs, la présence des patrons et des délégués des ouvriers à la tentative de conciliation, en cas de conflit *intéressant l'industrie minière.* De plus, « à l'égard des concessionnaires de mines, cette condamnation devenue définitive pourrait servir de titre à un retrait de la concession, pour les causes énoncées en l'art. 49 de la loi du 22 avril 1810 ».

L'auteur de la proposition, pour justifier cette législation spéciale aux mines, s'autorisait des paroles imprudentes prononcées par M. Loubet, alors Président du Conseil, lors de la discussion de la loi du 27 décembre. M. Loubet disait que « pour l'industrie minière, et à cause de la nature spéciale de cette propriété et de l'intérêt public qui y est attaché », il pourrait y avoir intérêt à rendre dans cette industrie l'arbitrage obligatoire.

L'émotion causée par des grèves qui avaient éclaté à ce moment en Saône-et-Loire explique la proposition de M. Magnien.

Juste un an plus tard, dans le même département de Saône-et-Loire, des troubles graves éclataient à Châlon à l'occasion d'une grève de minime importance. Des gendarmes assaillis par une troupe nombreuse qui, sur son passage, éteignait les becs de gaz, durent faire usage de leurs armes et il y eut des morts et des blessés. M. Simyan, député, interpella le gouvernement à la séance du 15 juin 1900 et, au cours de la discussion, *M. Fournière* et plusieurs de ses collègues socialistes déposèrent une proposition de loi ainsi conçue : « Quand l'arbitrage sur un conflit entre le travail et le capital sera demandé par une des parties devant le juge de paix, l'autre partie sera tenue de l'accepter également dans un délai de trois jours, à peine d'une amende, dont le montant pour chaque jour de retard sera calculé sur le dommage causé par la cessation du travail, à celle des parties qui aura accepté l'arbitrage. »

L'urgence fut votée pour cette proposition par 302 voix contre 38, et elle fut renvoyée à la commission du travail (n° 1721).

La même législature devait voir éclore encore, le 4 décembre 1900, une proposition de M. Zévaès « tendant à organiser le droit de grève « (Doc. Parl. Chambre, n° 1998), renvoyée également à la Commission du travail, et, surtout, le 15 novembre 1900, le fameux Projet Millerand, que nous analysons plus loin, et dont l'importance est grande tant à cause de la nouveauté des principes dont il s'inspirait, que du retentissement considérable qu'il eut et des polémiques passionnées qu'il suscita.

La *proposition Zévaès,* dont il faut d'abord dire quelques mots, a une certaine ressemblance avec le Projet Millerand. Il s'agit là aussi de rendre la grève légalement obligatoire et de grouper, bon gré mal gré, les ouvriers travaillant ensemble, en une sorte d'association forcée, où les décisions de la majorité obligeront tout le monde.

« Les travailleurs des deux sexes, dit l'art. 1er, sont considérés comme constituant, du fait seul de leur emploi, des sociétés ouvrières par atelier, compagnie, usine ou concession minière. » « Les décisions prises en assemblée générale, sur convocation personnelle de tous les sociétaires, sont valables et exécutoires pour tous. » On comprend, dès lors, ce qui va se passer : un conflit éclate, les ouvriers se réunissent en assemblée générale, votent la grève et aussitôt personne ne pourra plus travailler.

Mais, dira-t-on, le patron fera venir d'autres ouvriers, ou par des démarches discrètes, il décidera ceux qui ne sont pas partisans de la grève à regagner les ateliers? Non, car le projet y a pourvu dans son article 7 et dernier : une peine de 50 à 500 francs d'amende, de 5 jours à 30 jours de prison (et, en cas de récidive, la prison peut aller jusqu'à un an et l'amende jusqu'à 5.000 francs) attend « tout employeur qui, par des manœuvres, promesses, menaces, aura tenté de détourner de ses devoirs un ou plusieurs des ouvriers ou ouvrières liés par la décision de l'assemblée générale, ou aura tenté de les remplacer par des ouvriers embauchés au dehors ».

Venons maintenant au *Projet Millerand*, contresigné par M. Loubet et par M. Waldeck-Rousseau, qui, sous une apparence moins radicale, ne laisse pas beaucoup plus de place à la liberté.

M. Fournière, à l'appui de la proposition de loi dont nous avons parlé tout à l'heure, avait invoqué pour la première fois en faveur de l'arbitrage obligatoire l'exemple de la Nouvelle-Zélande. C'est encore l'exemple du ministère Seldon et de son œuvre sociale qui semble avoir hanté M. Waldeck-Rousseau et M. Millerand quand ils ont déposé, le 15 novembre 1900, leur fameux Projet « sur le règlement amiable des différends relatifs aux conditions du travail » (Doc. Parl. Chambre, n° 1937) auquel l'opinion publique donna bientôt le nom de Projet sur la grève obligatoire.

Ce projet de loi, où nous verrons que la contrainte tient une si large place, apparaît d'abord sous un aspect peu menaçant : il crée bien peut-être une législation inquiétante, mais, après tout, elle ne s'appliquera jamais qu'aux entreprises occupant au moins cinquante ouvriers, et, pour ces entreprises mêmes, il faudra une adhésion expresse du chef d'entreprise.

Il faut citer l'article 1er du Projet. « Dans tout établissement industriel ou commercial occupant au moins cinquante ouvriers ou employés, un avis imprimé, remis à tout ouvrier ou employé se présentant pour être embauché, fera connaître si les contestations relatives aux conditions du travail entre les propriétaires de l'établissement et les ouvriers ou employés seront ou ne seront pas soumises à l'arbitrage tel qu'il est organisé par la présente loi. Dans le premier cas, l'entrée dans l'établissement constitue, après un délai de trois jours, l'engagement réciproque de se conformer à ladite loi. Elle établit pour tout ce qui y est prévu une communauté d'intérêts entre les ouvriers et les employés et les oblige à se soumettre aux décisions prises conformément à ces dispositions. »

Il convient de remarquer tout de suite que cette liberté n'est qu'un trompe-l'œil : l'art. 2 explique comment il faudra calculer le nombre des ouvriers et l'art. 4 soumet d'office à la loi toutes les entreprises de mines ou de transport. Toutes les concessions accordées par l'État emporteront soumission obligatoire du concessionnaire; le cahier des charges de tout marché de fournitures ou de travaux pour le compte de l'État stipulera l'obligation pour le soumissionnaire de s'y soumettre; enfin, les départements et les communes seront autorisés à mettre la même condition dans leurs cahiers des charges de concessions et marchés. On voit combien de chefs d'entreprise seront « libres » de soumettre leurs établissements à la loi nouvelle ou de conserver leur indépendance.

La soumission à ce contrat d'arbitrage si peu libre, nous venons de le voir, pour les chefs d'entreprise, sera-t-elle plus libre pour les ouvriers?

Non évidemment, puisqu'il leur suffira de séjourner trois jours dans un établissement assujetti pour être soumis, bon gré mal gré, aux obligations de la loi nouvelle. Et pourtant n'est-il pas évident que celui qui est pressé par une nécessité impérieuse, par la faim pour lui et pour les siens, n'est pas libre de refuser ou d'accepter le travail, et qu'il subit plutôt qu'il ne les accepte les conditions de ce travail.

Il en sera ainsi des dispositions de la loi projetée, l'ouvrier à qui elles déplairont entrera *quand même* dans une usine où elles sont appliquées.

La loi anglaise du 6 août 1872, dont le Ministre du Commerce semble s'être souvenu ici, attribuait bien à la présence d'un ouvrier dans un établissement soumis à une Cour permanente d'arbitrage, acceptation de la juridiction de cette Cour, mais la Cour avait seulement le pouvoir de fixer le taux des salaires et de régler les litiges individuels et, de plus, l'ouvrier pouvait, dans un délai de 48 heures, déclarer qu'il n'entendait pas accepter cette juridiction. Ce sont de bien autres contraintes que nous allons voir peser sur l'ouvrier qui a séjourné trois jours dans un établissement « assujetti ».

Tout d'abord, on organise dans l'établissement quelque chose comme des Chambres d'explication. Des représentants des ouvriers, élus par eux à raison d'un délégué et d'un délégué adjoint par chaque groupe de cinquante à cent cinquante ouvriers, sont chargés de recueillir les réclamations du personnel et de les soumettre à la direction dans des réunions hebdomadaires. Cette innovation pouvait fort bien être défendue. Les patrons en général la voient avec méfiance et l'expérience est là pour expliquer leurs appréhensions, mais il y a là une idée qui pouvait donner de bons résultats. Malheureusement, les auteurs du projet ont attribué à ces délégués d'autres fonctions, qui leur rendront difficile leur rôle de conciliateurs et surtout qui feront de cette fonction un poste enviable pour les meneurs et les ambitieux.

En effet, les délégués peuvent, s'il n'est pas fait droit de suite aux réclamations dont ils sont porteurs, les formuler par écrit et si, dans les quarante-huit heures, les patrons n'ont pas désigné leurs arbitres, les mêmes délégués ont le pouvoir de convoquer leurs camarades et de provoquer le vote de la grève.

La partie du projet consacrée au vote de la grève est celle qui a le plus fortement ému l'opinion publique. Les articles 15, 16, 17, 18 et 19 du projet contiennent la réglementation projetée; on peut les résumer en quelques mots : les délégués convoquent leurs mandants, le vote a lieu, avec certaines garanties pour écarter du scrutin ceux qui n'ont pas le droit d'y prendre part, et le résultat s'impose à tous les ouvriers; pourvu que la majorité obtenue soit supérieure à la moitié des suffrages exprimés et au tiers du nombre des personnes ayant le droit de prendre part au vote.

La grève peut donc être légalement imposée par le tiers des ouvriers aux deux autres tiers. Il est vrai que cette décision ne sera valable que pendant huit jours, qu'elle devra être renouvelée toutes les semaines et que si la majorité se retourne, la reprise du travail sera obligatoire pour tous, comme la cessation du travail l'avait été.

Mais à qui fera-t-on croire que les deux situations sont comparables? Il y a des moyens d'empêcher les gens de travailler; il n'en existe aucun de les y contraindre.

Malgré l'importance du projet Millerand dans l'histoire parlementaire de la question qui nous occupe, nous ne pouvons pas ici l'examiner en détail; il est en effet fort long (33 articles).

Nous tenant dans le domaine des principes, nous

dirons seulement que les deux idées qu'il prétend introduire dans nos lois : l'arbitrage obligatoire et la loi des majorités dans l'usine sont aussi inadmissibles l'une que l'autre.

L'arbitrage peut bien être accepté par les intéressés; il ne saurait être imposé. Car, dans un conflit entre patrons et ouvriers, il s'agira presque toujours non pas d'interpréter un contrat mais de le modifier, de le refaire. Est-il possible d'augmenter les salaires, de diminuer les heures de travail ? C'est là une question à laquelle le chef d'industrie peut seul répondre, car elle suppose la connaissance d'éléments (marchés en cours, prix de revient, mesure de crédit etc.) qui sont les conditions mêmes du succès de l'entreprise où il a engagé son honneur avec sa fortune, et qu'il ne peut faire connaître à personne. Du reste, il est de stricte équité et de justice élémentaire que celui qui a pris la responsabilité d'une entreprise reste maître de la conduire. Il ne saurait être contraint d'en abandonner la direction à des personnes aussi honorables qu'on voudra, mais irresponsables et non intéressées à son succès.

Quant à la loi des majorités qu'il s'agit d'introduire dans l'usine en matière de grève, on a si bien compris qu'il était impossible de la transporter du domaine politique dans celui de notre existence civile et matérielle, qu'on a cherché à s'abriter, pour justifier cette mesure, derrière le prétendu contrat accepté — nous avons vu ce qu'il faut en penser — par les patrons et les ouvriers.

Mais qui ne sait qu'on ne peut, par contrat, renoncer à certains droits qui sont considérés comme primordiaux et inaliénables ? Le Code civil est plein de ces prohibitions. Est-ce que, par hasard, le droit de gagner sa vie en travaillant, que l'Édit de 1776 appelait « la première, la plus sacrée et la plus imprescriptible de toutes les propriétés », paraîtrait à nos législateurs moins précieux que le droit, par exemple, de n'engager ses services qu'à temps et pour une entreprise déterminée? ou que le droit de conserver la libre disposition de ses biens (interdiction des substitutions) ou que tant d'autres droits qui sont protégés par le Code et dont les tribunaux ne permettraient pas l'aliénation?

L'application des dispositions du projet conduirait dans bien des cas à de véritables monstruosités; les économistes les ont signalées à l'envi.

Il est remarquable que, d'une façon générale, le projet a reçu le plus mauvais accueil, même de la part des Comités socialistes et révolutionnaires. Citons, par exemple, les votes défavorables du Comité de propagande de la grève générale — 6 janvier 1901, — de la Chambre syndicale des ouvriers métallurgistes de la Loire — 7 février 1901, — et du Comité général du parti socialiste — 26 avril 1901. Un journaliste, M. Huret, a consulté sur le projet Millerand un certain nombre de patrons et d'hommes politiques et il a consigné les résultats de cette enquête en un volume (*Les Grèves*, éd. de la *Revue Blanche*, Paris, 1902); il a trouvé à la vérité quelques patrons favorables au projet, mais la plupart des personnes consultées s'y montrent hostiles pour les motifs que nous avons indiqués[1].

Actuellement et d'après l'état publié le 1er janvier

1. La Commission parlementaire du travail a adopté, le 9 novembre

1905 par l'Office du travail, les Chambres sont saisies de quatre propositions de loi relatives aux Conseils de conciliation et d'arbitrage : la proposition Magnien analysée plus haut, et la *proposition Rudelle* (Chambre, 17 mai 1904, n° 1691) tendant, l'une et l'autre à rendre obligatoire la tentative de conciliation; la *proposition L. Constans* (Chambre, 27 mai 1903, n° 938) semblable à sa proposition Zévaès, analysée plus haut et la proposition Millerand, déposée à nouveau, en son nom personnel par l'ancien Ministre du commerce, le 14 octobre 1902 (Doc. Parl., Chambre, n° 323, *J. o.*, p. 75). Il faut y ajouter la proposition de loi de M. Bérenger, sénateur, relative à l'institution des conseils du travail, déposée au Sénat le 29 mars 1901, adoptée par le Sénat et actuellement soumise à la Chambre.

## Les conseils du travail.

L'extension de la législation ouvrière, l'importance toujours croissante de toutes les questions qui touchent à l'organisation du travail, ont amené la plupart des pays à créer des organismes destinés à renseigner le gouvernement sur les besoins des ouvriers et sur l'application des lois ouvrières. De là sont nés les Offices du travail, les Départements du travail, les secrétariats ouvriers, etc.

En France, nous avons un Office du travail (Loi du 21 juillet 1891 et décrets d'août 1891 et février 1892)

1901, avec quelques modifications de détail, la proposition Millerand, qui n'est que la reproduction du projet que nous avons analysé tout à l'heure. M. Colliard, député, a été nommé rapporteur.

qui est chargé de faire des enquêtes sur les questions qui lui sont soumises et de dresser une statistique du travail. Nous avons aussi un Conseil supérieur du travail organisé par le décret du 22 janvier 1891, réorganisé par le décret du 1er septembre 1899 et plus récemment par le Décret du 4 août 1904.

Enfin, on sait que plusieurs propositions de loi ont été soumises aux Chambres pour organiser en France des Conseils régionaux du travail, semblables à ceux qui fonctionnent en Belgique et en Hollande et ayant comme eux une triple compétence : consultative, délibérative et arbitrale. Aucun de ces projets ne put venir en discussion devant le Parlement. Le Conseil supérieur du travail élabora en 1894, par les soins de sa commission permanente, un projet qui fut repoussé en Assemblée générale, le 27 mars 1895.

Dans ces conditions, le Ministre du Commerce, M. Millerand, crut pouvoir prendre l'initiative de la création par simple décret des Conseils régionaux du travail. Tel fut l'objet des Décrets, du 17 septembre 1900 et du 2 janvier 1901.

Aux termes de ces deux Décrets, il pourrait être créé par arrêté ministériel, dans toutes les régions industrielles où le besoin s'en ferait sentir, des Conseils du travail, possédant comme les Conseils belges une triple fonction représentative, délibérative et arbitrale, divisés en sections composées des représentants de la même industrie ou d'industries similaires et comprenant un nombre égal de patrons et d'ouvriers ou employés. Ce qu'il y a de plus caractéristique dans le système adopté par M. Millerand c'est que le corps électoral est constitué non pas par tous les intéressés, mais par ceux seulement qui font partie de syndicats; ou plutôt ce sont les syndicats eux-mêmes qui forment le corps électoral. Chaque syndicat patronal dispose dans les élections d'une voix par dix membres et chaque syndicat ouvrier d'une voix par 25 membres.

Au point de vue de l'arbitrage des conflits, le seul qui puisse nous retenir ici, nous remarquons que le rôle arbitral des conseils du travail est assez mal défini par l'article II du décret; il appartiendrait à la section de proposer ses bons offices pour empêcher un conflit menaçant ou de jouer le rôle d'arbitre en cas d'échec de la tentative de conciliation. C'est ce que précise la Circulaire aux Préfets du 25 février 1901. « Ces Conseils, y est-il dit, pourront dès maintenant faire fonctions d'arbitres pour l'application de la loi du 27 décembre 1892... La procédure instituée par cette loi ne laisse aucune place à l'intervention de ces conseils dans la formation des comités de conciliation; mais, en cas d'échec de ces comités, je ne doute pas que l'autorité des membres du Conseil du travail ne leur permette fréquemment d'offrir leurs bons offices pour aider, sous la forme qui leur paraîtra la plus efficace, à la solution du conflit. »

M. Millerand réservait même aux Conseils du travail un rôle plus actif et mieux défini. En effet, aux termes des articles 21 et 22 du « Projet de loi sur le règlement amiable des différends relatifs aux conditions du travail » dont nous avons parlé plus haut, le Conseil du travail en cas de grève déclarée est, sur la demande de l'une des parties ou l'initiative de l'autorité administrative, constitué d'office arbitre entre les parties, avec les droits reconnus aux arbitres par le Code de procédure civile » et le pouvoir de rendre une sentence « valant convention entre les parties pour une période de six mois ». A titre provisoire, et en attendant la constitution des Conseils du travail, le projet confiait ce droit d'intervention, pour les grèves intéressant moins de 300 ouvriers, au Conseil des Prud'hommes, et pour les autres à une délégation du Conseil supérieur du travail.

La constitution des Conseils du travail par simple décret et les attributions qui leur étaient données soulevèrent dans le monde du travail une très vive opposition, qui redoubla quand on vit le ministre créer par Arrêté plusieurs conseils à Paris, à Lille, à Lens, à Lyon et à Marseille (17 octobre 1900). M. Bérenger et plusieurs de ses collègues du Sénat se firent les interprètes de ce mécontentement en déposant, le 29 mars 1901, une proposition de loi tendant à la création par voie législative de Conseils consultatifs du travail. Les auteurs du projet s'élevaient d'abord contre la réglementation par simple décret d'une question, aussi grave [1]. Le ministre se défendait en invoquant des précédents, mais il est bien certain que la question déjà plusieurs fois soumise au Parlement (par exemple : Proposition Mesureur), était assez importante pour nécessiter un débat public.

La proposition de loi s'élevait ensuite contre les pouvoirs arbitraux conférés aux Conseils du travail et proposait de les réduire à un simple rôle repré-

1. Le Conseil d'État saisi de la question de légalité des décrets Millerand a déclaré, le 20 février 1904, que ces décrets étaient parfaitement légaux.

sentatif, qu'elle définissait ainsi : être les organes des intérêts matériels et moraux de leurs commettants; donner des avis sur toutes les questions concernant ces intérêts; répondre aux demandes d'enquêtes ordonnées par le gouvernement. Enfin, la constitution du corps électoral spécial qui ne comprenait que des syndicats (soit environ le quart des intéressés) était vivement critiquée.

Malgré la prise en considération par le Sénat de la proposition Bérenger, le corps électoral fut néanmoins convoqué pour procéder à l'élection des sections parisiennes des Conseils du travail; les patrons s'abstinrent presque unanimement et on compta aussi de très nombreuses abstentions parmi les électeurs ouvriers. C'était un échec.

Quand, au mois de novembre 1902, la proposition vint en discussion devant le Sénat, M. Millerand n'était plus ministre. Le Sénat adopta la proposition Bérenger modifiée par sa Commission : les conseils du travail n'ont qu'un rôle consultatif; ils sont composés de deux sections, l'une élue par les patrons et l'autre par les ouvriers, délibérant séparément et pouvant ensuite se réunir en séance commune; le corps électoral comprend les syndiqués comme les non syndiqués; enfin les conseils ne possèdent aucun pouvoir arbitral. « Votre commission, a dit le rapporteur, a laissé en dehors de sa proposition de loi tout ce qui concerne l'arbitrage. »

Dès lors, nous n'avons pas à nous occuper davantage de cette proposition de loi actuellement soumise à la Chambre des Députés.

# CONCLUSION

Si nous jetons un coup d'œil d'ensemble sur les institutions de conciliation et d'arbitrage que nous avons rencontrées au cours de cette étude, nous remarquons qu'on peut les diviser en institutions permanentes et temporaires et, à un autre point de vue, en institutions créées par l'initiative privée et émanées de l'initiative de la puissance publique.

Nous voudrions, dans ces dernières pages, insister un peu sur ces quatre caractères; voir ce qu'on est en droit d'espérer des conseils permanents; ce qu'il faut attendre des comités temporaires; quels bons résultats les institutions nées de l'initiative privée sont propres à fournir et ce qu'on peut légitimement attendre de l'initiative officielle. La conclusion de ce travail se dégagera d'elle-même de ces dernières réflexions.

*I. Conseils permanents et Comités temporaires.* — Si on recherche seulement un moyen de terminer rapidement les grèves, on peut songer à faciliter la constitution de comités de conciliation. C'est ce qu'a fait notre loi française du 27 décembre 1892. Mais si on vise surtout à les empêcher de se produire, en créant entre les patrons et les ouvriers ces fréquents contacts que le régime des grands ateliers a fait presque fatalement disparaître, alors il faut absolument créer des organismes permanents. Eux seuls sont capables de prévenir les conflits et on ne peut rien attendre à ce point de vue d'un comité de conciliation, qui disparaît avec la grève qui en a amené la constitution.

Voyons, en effet, ce qui se passe en France sous le régime de la loi du 27 décembre 1892.

Un conflit éclate; le juge de paix fait des instances auprès des patrons et des ouvriers pour les décider à former un comité de conciliation. Ses efforts sont couronnés de succès et bientôt, en sa présence, se réunissent avec le patron intéressé cinq ouvriers. Le patron parfois ne les connaît guère, ou bien il les connaît trop. De quel mandat sont-ils investis? Jusqu'à quel point même peut-on les considérer comme les porte-paroles autorisés des ouvriers en grève? Questions impossibles à résoudre, bien souvent. Dès lors, quelle sera l'attitude du patron à leur égard? Quelles confidences leur fera-t-il sur les raisons de sa décision? Quel abandon pourra-t-il avoir avec eux? On discutera ensemble froidement, avec une méfiance réciproque, le point spécial en litige et on se séparera sans le désir de se revoir. Car les ouvriers aussi aborderont la discussion avec des préventions. Le patron que leur peint les journaux qu'ils lisent, n'est-il pas un égoïste, qui ne songe qu'à s'enrichir du produit de leurs veilles?

Comment voudrait-on que, dans une discussion aussi courte, se produisant en plein conflit, c'est-à-dire à un moment où les esprits sont montés et peu disposés à une appréciation impartiale de la situation, de tels préjugés se dissipent? Pour les faire disparaître, il y aurait toute une éducation à faire et même, ce qui est plus difficile, à refaire.

C'est précisément à quoi tendent les institutions permanentes.

Elles se constituent, d'ordinaire, en dehors de tout conflit, par la volonté bien arrêtée du chef d'industrie qui veut, par des avances réitérées, faire tomber les méfiances et prouver à son personnel la bonté de ses intentions.

Et pourtant, dans ces conditions favorables, que de méfiances à vaincre, que de mauvaises volontés à réduire ! L'histoire des institutions permanentes les plus prospères dans la suite est pleine, au début, de ces luttes.

C'est M. Mundella fondant à Nottingham son fameux Conseil de conciliation au milieu de la réprobation de la plupart des autres patrons « qui prétendaient qu'on les déshonorait » et de la mauvaise volonté des ouvriers. « Je ne saurais vous dire, écrit-il, à quel point la méfiance régnait entre nous. »

C'est M. Julien Weiler fondant les Chambres d'explication de Mariemont et de Bascoup, au milieu des sourires de doute des uns et de l'hostilité déclarée des autres. « Au fond, disaient les ouvriers, l'administration n'a d'autre but que de savoir ce que nous pensons. — Tout juste, leur fut-il répondu. Si nous allons à vous c'est pour connaître vos idées et pour vous communiquer les nôtres, sur toutes les questions qui nous intéressent en commun. Trouvez-vous que ce soit un mal? Pensez-vous que l'industrie puisse marcher si patrons et ouvriers ne se comprennent pas? »

En France, M. Rivière n'a pas rencontré de moindres difficultés dans la fondation du Conseil d'usine de la Grande imprimerie de Blois. Il convoque ses ouvriers au Conseil d'usine. Ils y viennent tous ou presque tous « mais comme en service commandé. Le patron parle seul, au milieu d'un désert respectueux, sans écho, sans vibration d'aucune sorte; il demande des réunions périodiques, elles lui sont accordées sans débat ». On approuve tout ce qu'il dit et il se rend très bien compte que la confiance n'y est pas et que ses ouvriers considèrent le Conseil d'usine comme un prolongement ennuyeux de la journée de travail.

Rien n'est plus difficile à vaincre que cette inertie, cette sourde méfiance, qui s'accommode fort bien avec les formes extérieures du respect.

S'il est si difficile d'en avoir raison dans des circonstances choisies et par un effort suivi et prolongé, on conçoit que cela soit tout à fait impossible lors d'une réunion accidentelle tenue au moment d'une grève, c'est-à-dire à un moment où les intentions les plus droites ont des chances pour être accueillies comme des avances intéressées.

Est-ce que, pourtant, la loi française du 27 décembre 1892 doit être condamnée? Assurément non, et, bien au contraire, elle doit continuer à rendre les services modestes mais appréciables qu'elle a déjà rendus. Elle ne met aucun obstacle à la constitution par l'initiative privée, avec ou sans l'aide de l'État, d'institutions permanentes de conciliation et d'arbitrage. Mais de telles institutions n'existeront jamais dans toutes les industries ni dans toutes les usines, des grèves continueront à se produire et il sera toujours très utile de pouvoir faire solliciter les « belligérants » par une personne désintéressée et respectée, afin de leur éviter la contrariété d'amour-propre d'avoir à faire le premier pas.

Ce système d'intervention pacifique, qui consiste à offrir ses bons offices aux deux parties afin de ménager leurs susceptibilités, peut être sans inconvénients transporté de la diplomatie internationale dans les guerres industrielles.

Concluons donc que, seules, les institutions permanentes de conciliation et d'arbitrage peuvent réaliser un rapprochement désirable entre les patrons et les ouvriers, et que c'est par conséquent à leur constitution que doivent tendre les efforts de ceux qui veulent créer entre eux des relations meilleures; mais aussi que, les grèves ne pouvant jamais disparaître, il sera toujours utile de prendre des mesures pour faciliter la formation de comités temporaires destinés à en amener rapidement la solution.

*II. Conseils permanents créés par l'initiative privée.* — Nous n'avons pas l'idée de faire ici une énumération des organisations permanentes les plus dignes de remarque. Il s'en rencontre dans tous les pays. Partout il s'est trouvé des patrons qui, convaincus de l'utilité des conseils permanents, en ont avec ténacité poursuivi la création dans leurs usines. Naturellement ces conseils ont revêtu des formes assez diverses; créés en vue d'un but déterminé à atteindre, dans un pays donné, avec un personnel donné, ils se sont adaptés spontanément aux circonstances.

Leur développement a été singulièrement facilité par l'organisation dans certaines usines de comités mixtes, chargés de collaborer au fonctionnement d'œuvres de patronage, comme des caisses de maladies, d'épargne, des coopératives de consommation et autres institutions humanitaires. Ainsi en fut-il notamment en Autriche au témoignage de M. Schwiedland, secrétaire de la Chambre de commerce de Vienne.

Quelques exemples feront saisir le mode de fonctionnement de ces institutions.

Dans la filature mécanique de M. Brandts à Monchen-Gladbach (Prusse) existe depuis longtemps un Comité de la caisse de maladies qui, depuis 1873, exerce les fonctions de *collège des anciens;* il est composé de douze membres : quatre représentants de la direction, dont l'un a la présidence, et huit représentants des ouvriers et des ouvrières.

Sa compétence est vaste, sans pourtant que le patron soit privé de son autorité. Les décisions prises n'entrent en vigueur qu'après avoir été revêtues de sa signature ; mais il n'est jamais arrivé que sa signature ait été refusée à un décret du collège.

Celui-ci, outre l'administration de la caisse de maladie, de deux autres caisses de secours et d'une bibliothèque, décide sur les dispositions du règlement de fabrique et les autres questions qui forment l'objet du contrat de salaire, telles que les heures supplémentaires de travail, le chômage de certains jours fériés et beaucoup d'autres questions d'organisation du travail.

Il assure la transmission à la direction des plaintes des ouvriers, relatives soit à des abus d'autorité des contremaîtres, soit à l'état des machines et des matières premières, soit à la répartition du travail entre les divers groupes d'ouvriers, soit à la tenue et à l'hygiène des ateliers.

Il surveille l'éducation technique des apprentis et aussi leur conduite; il essaie d'apaiser les différends; il peut même prononcer certaines pénalités; il statue définitivement, en cas de réclamation, sur les amendes (jusqu'à un demi-mark) prononcées par les contremaîtres; les amendes supérieures à cette somme et le renvoi ne peuvent être prononcés que par le patron et par lui.

Le chef d'entreprise constatait, en 1892 — après une expérience de vingt années — que le transfert des fonctions disciplinaires au comité ouvrier avait eu les résultats les plus avantageux. On conçoit aisément que ce système présente aux ouvriers des garanties et que les pénalités infligées par leurs élus soient plus aisément acceptées par eux.

La fabrique de persiennes de H. Freese, à Berlin, est souvent citée comme une des usines où l'idée d'accorder aux ouvriers le droit d'émettre leur opinion dans toutes les affaires de la fabrique les concernant eux-mêmes, a été réalisée de la façon la plus pratique. Le comité, ou représentation des ouvriers (*Arbeitervertretung*), existe depuis 1884 et comprend quinze membres, dont quatre seulement sont à la nomination du patron, les onze autres étant choisis par les ouvriers, parmi leurs camarades travaillant dans la fabrique depuis six mois.

Les séances sont publiques et, les jours où il y a réunion, le travail des ateliers est arrêté une heure plus tôt afin que les ouvriers puissent y assister sans rien sacrifier de leurs heures de liberté. Ces réunions sont trimestrielles et, à la suite de l'ordre du jour, il est toujours réservé une partie de la séance pour entendre les réclamations des ouvriers.

Les attributions du comité sont semblables à celles du « collège des anciens » de l'usine de M. Brandts : élaboration en commun du règlement de fabrique, administration de la caisse de secours, pouvoir disciplinaire, fixation pour une période de deux ans du tarif des travaux à la tâche, etc.

Il serait facile de multiplier les exemples; on en trouverait notamment plusieurs très intéressants en Allemagne et en Autriche.

Ceux que nous venons d'étudier appartiennent au type « *conseil d'usine* » caractérisé par ce fait que le conseil fonctionne au profit d'une seule entreprise, d'un seul établissement. C'est assurément le type le plus propre à assurer, dans la grande industrie, le contact entre le patron ou la direction et le personnel ; le plus apte également à arrêter dès le début les mécontentements, en permettant à toutes les réclamations de se produire pratiquement et rapidement.

Certains comptes rendus des séances de plusieurs conseils d'usine ont été publiés et leur lecture fait bien saisir le bien, et le genre de bien, qu'on peut attendre de ces institutions. On y voit les ouvriers présenter leurs réclamations ou discuter avec liberté, mais aussi sans violences, les questions à l'ordre du jour. Voici, par exemple, la 317e séance du collège des anciens de l'usine des Marienhütte, près Kotzenau. On décide de reprendre une femme de l'atelier de vernissage, renvoyée pour avoir volé un vase, à raison du peu de valeur de l'objet volé et des besoins de la coupable, qui est chargée d'enfants ; par contre, on met à l'amende pour ivrognerie deux ouvriers et on condamne un apprenti à deux mois d'apprentissage supplémentaire, pour avoir suivi irrégulièrement les cours.

Ceci est la monnaie courante des séances; bien souvent on a des intérêts plus graves à discuter. A Mariemont, la direction annonce qu'à raison de la mévente des charbons, elle se verra contrainte bientôt d'imposer à ses ouvriers un jour de chômage hebdomadaire. Les ouvriers demandent que la mesure soit appliquée tout de suite, car ils peuvent trouver actuellement des travaux agricoles à exécuter. A Mariemont encore, en février 1893, l'administration expose que les salaires sont de 9 à 10 % trop élevés par rapport aux prix de vente; après discussion, on décide une réduction de 10 % sur les salaires, mais applicable en deux termes : 5 % au 1er mars et 5 % au 1er avril. Il est bien évident que de telles réductions de salaires sont plus aisément acceptées quand on en a fait comprendre la nécessité aux ouvriers par la production de documents, que quand on les leur impose brutalement et sans explications.

Du reste, sur les bons résultats donnés par les Conseils d'usine, l'avis des industriels qui ont pu en constituer dans leur exploitation est unanimement favorable.

M. Schwiedland assure que tous en font l'éloge sans réserves en Allemagne et en Autriche. Il en a recueilli d'intéressants témoignages. « Nous recommandons, écrit un industriel autrichien, la création de ces comités en général, même pour des classes ouvrières peu intelligentes; nous leur attribuons une mission éducatrice et instructive, car les expériences que nous avons faites jusqu'à ce jour par notre comité sont favorables, quoiqu'il soit composé d'éléments auparavant radicaux. »

Un autre écrit : « J'ai remis au collège des anciens toutes les questions quelque peu importantes relatives à la discipline. L'esprit de corps et un certain sentiment de l'honneur du métier sont par là visiblement fortifiés, et les délits sont généralement beaucoup plus sévèrement punis par les anciens qu'ils ne l'auraient été par moi. »

Voici encore un témoignage intéressant. Un industriel fait remarquer le bénéfice réciproque qui peut sortir des réunions du Conseil d'usine. « Par cet échange réciproque d'idées et d'opinions, aussi libres que sans gêne, chacun ayant un verre de bière devant soi, j'ai recueilli, dans le cours des débats, maintes idées qui ont donné lieu à de très favorables innovations et j'ai vu naître et grandir la confiance réciproque, s'éveiller le sentiment de la communauté et de la solidarité des intérêts. Aussi je regarde ces débats, vu l'esprit pratique qui y préside, comme aussi importants et même plus propres à concourir à la paix sociale que les syndicats ouvriers départementaux ou communaux, où des meneurs peuvent gagner facilement le dessus et compromettre, dès l'abord, l'entente qu'il s'agit de faire naître. »

En un mot et pour ne pas multiplier les citations, nous pouvons conclure avec M. A. Fontaine que « les institutions permanentes et libres de conciliation et d'arbitrage limitent efficacement le nombre et la durée des grèves, quoique, dans l'ensemble du mouvement ouvrier moderne, ce résultat soit encore masqué par le développement général et universel des causes de conflit. Mais, ce qui est plus important, le but principal a certainement été atteint : en assurant aux intérêts en présence le bénéfice d'une discussion libre et égale, on a très souvent rétabli les rapports de mutuelle confiance ».

Une dernière observation vient très sérieusement à l'appui de cette opinion favorable sur les bons effets des conseils permanents pour l'établissement de meilleurs rapports entre patrons et ouvriers; c'est l'hostilité que montrent à leur endroit les socialistes révolutionnaires. Ils les accusent de n'être qu'un moyen de défendre la constitution féodale des fabriques contre le socialisme. Que les socialistes révolutionnaires les rencontrent ainsi sur leur route, détruisant l'effet des vagues rêveries par la réalité des accommodements pratiques, c'est précisément le plus bel éloge que l'on puisse en faire.

A côté des Conseils d'usine il faut réserver une place importante aux « *Conseils de métier* ».

Ceux-là embrassent, dans une région plus ou moins vaste, un nombre plus ou moins grand d'établissements s'occupant de la même branche d'industrie.

On peut dire que leur constitution est pratiquement impossible s'il n'existe pas, tant du côté patronal que du côté ouvrier, des associations puissantes et écoutées. Ces associations traitent entre elles et stipulent pour les membres qu'elles représentent. Il faut donc qu'elles possèdent les moyens de certifier que ceux-ci ratifieront les engagements pris en leur nom.

Le plus souvent, il n'existera d'autre garantie de cette ratification que l'esprit de corps des unionistes, le sentiment d'honneur et de solidarité des parties et la crainte aussi d'être exclu d'une association puissante, conférant à ses adhérents des avantages multiples, matériels et moraux. Nous avons vu en Amérique plusieurs exemples de ces conventions entre associations puissantes.

Parfois on a recours, pour assurer l'observation par les adhérents des engagements pris par les associations, à des moyens dont le plus typique est assurément celui auquel se sont arrêtés, en 1895, les patrons et ouvriers de l'industrie de la chaussure dans le comté de Northampton.

A la suite d'une grève ruineuse, on constitua un Conseil permanent de conciliation et d'arbitrage et, pour assurer l'exécution des sentences qui pourraient être rendues par ce Conseil, « chaque partie, respectivement représentée par ses associations, déposa une somme de 1.000 £., soit 25.000 francs ».

Assurément, si les ouvriers n'avaient pas été groupés en une association, ils n'auraient pas pu déposer cette somme ; mais le fait qu'on ait cru nécessaire d'en exiger le dépôt montre bien qu'on sortait d'une longue grève et que la confiance n'était pas encore revenue.

C'est également un conseil de métier que la commission mixte, créée par l'Association des maîtres imprimeurs et la Fédération des travailleurs du livre, lors du Congrès de Marseille en 1895.

On comprend, du reste, que plus encore que les Conseils d'usine, les Conseils de métier présentent de grandes différences d'organisation, à raison des circonstances en vue desquelles ils ont été constitués.

Les Conseils de métier n'exercent pas le même mode d'action que les Conseils d'usine ; leur rôle n'est pas d'intervenir dans la vie intérieure de l'usine et ils sont, par cela même, impuissants à prévenir et à concilier les petits différends journaliers. Leurs délibérations abordent des questions plus graves et d'un intérêt plus général, mais, comme l'écrit M. Paul de Rousiers : « le fait de traiter de graves intérêts avec les patrons, de régler de concert avec eux un certain nombre de questions, initie les ouvriers aux difficultés de la direction industrielle, leur fait comprendre le rôle supérieur que jouent les patrons, les efforts considérables qui leur incombent. Ils sont amenés par suite à reconnaître en eux les qualités supérieures qui les ont placés à la tête des usines. Ils rencontrent chez un grand nombre le désir sincère d'améliorer autant que possible la situation des travailleurs et souvent un lien d'estime affectueuse et de gratitude naît des rapports forcés dont un désaccord a été l'occasion ».

*III. Rôle de l'État.*

Toutes les fois qu'on aborde l'étude d'un point quelconque du domaine de l'économie politique ou sociale, se pose la redoutable question : l'État doit-il intervenir? dans quelle mesure? par quels moyens?

Répondre à la première question n'est pas difficile. Si l'État peut contribuer à assurer de meilleurs rapports entre les patrons et les ouvriers, diminuer le nombre et la gravité des conflits, il a certainement le droit et le devoir d'intervenir. Or il n'est pas douteux qu'il ne puisse beaucoup, par des moyens généraux d'abord et même par des mesures particulières.

En maintenant l'ordre et en empêchant les atteintes à la liberté du travail, en punissant les excitations à la lutte des classes, au pillage, à la confiscation qui se donnent libre carrière en temps de grève déclarée, en assurant la liberté de tous, il est assurément dans son rôle et contribue à assurer la paix sociale. Et s'il lui est difficile d'atteindre les doctrines, même les plus antisociales, quand elles demeurent à l'état de doctrines, il peut en faire comprendre la malice en frappant ceux qui, en les faisant passer dans le domaine des faits, se sont mis dans le cas de se voir appliquer les sévérités du code pénal. Mais ce n'est pas de cette intervention indirecte qu'on entend parler ici.

Nous avons vu l'intervention directe de l'État se manifester de plusieurs manières : ou bien l'État prend l'initiative de la création de tribunaux mixtes et de corps consultatifs possédant des attributions en matière de conflits du travail; ou bien il se borne à encourager et à seconder l'initiative privée.

Le premier système a naturellement de chauds partisans, car l'interventionisme n'a pas cessé d'être à la mode.

Relativement à la légitimité de l'intervention de l'État, une observation s'impose.

Quand l'État institue des tribunaux spéciaux pour assurer l'exécution des conventions conclues entre les parties, il remplit une fonction qui lui appartient; mais il ne peut pas aller plus loin et imposer aux parties la juridiction d'un tribunal, qui prétendra se substituer à elles et refaire le contrat qui les lie.

Nous avons vu que certains États n'ont pas reculé devant cette conception du rôle de l'État et nulle part elle n'a été réalisée plus complètement que dans la législation Néo-Zélandaise. Cet exemple a été suivi par deux États d'Australie; il sera peut-être imité par d'autres pays, car les gouvernements sont très fortement sollicités à ces interventions, et ils ont quelque mérite à résister à des sollicitations qui tendent à augmenter leur puissance et leurs moyens d'action sur les citoyens. Mais un semblable système vînt-il à se généraliser, qu'il ne faudrait pas cesser de protester contre lui au nom des principes. Il ne suffit pas qu'une mesure ait été votée par un parlement pour qu'elle soit équitable. Une loi qui tend à substituer aux intéressés l'autorité d'un tribunal pour la fixation des conditions du contrat de travail, empiète assurément sur le domaine des libres conventions.

Tout ce que l'État peut légitimement faire c'est d'assurer la liberté des conventions, en favorisant la constitution d'associations qui égaliseront les forces des contractants. Mais le contrat une fois passé, il ne lui appartient pas d'y intervenir, sauf pour en assurer l'exécution. Toutes les fois qu'on parle d'un prétendu intérêt social, qui justifierait une intervention plus complète, on ne tend à rien moins qu'à ressusciter, sous un autre nom, la raison d'État qui a, de tout temps, servi de paravent à toutes les tyrannies.

Un autre type des créations de la puissance publique est celui des Conseils du travail ou Chambres du travail qui existent en Belgique et en Hollande. Ces institutions sont assurément à recommander, mais on a voulu trop multiplier leurs attributions. Celles qu'on leur a départies en matière de règlement des conflits du travail sont à peu près restées lettre morte.

On en pourrait presque dire autant des Tribunaux industriels allemands, en tant que leur juridiction peut s'appliquer au règlement des conflits collectifs. Le rôle des « probiviri » italiens, dans les mêmes circonstances, a été aussi tout à fait insignifiant.

L'Amérique avait organisé avec les Conseils officiels de conciliation des États de New-York et de Massachussets, un type dont beaucoup d'économistes espéraient de bons résultats. Leurs espérances ont été déçues, car les résultats ont été médiocres.

Si l'État constate que les organismes créés par lui sous forme de tribunaux arbitraux n'ont pas obtenu tout le succès qu'on en pouvait espérer, va-t-il procéder autrement et rendre obligatoire la formation des institutions qui, organisées par l'initiative privée, ont donné les meilleurs résultats? Rendra-t-on obligatoire, dans toutes les exploitations, la création de Conseils d'usine? La question se pose et l'affirmative compte des partisans, même parmi les économistes.

On nous permettra d'émettre des doutes sur l'efficacité d'une pareille mesure. Ce qui fait que les ouvriers et les patrons sont attachés à leurs Conseils d'usine, c'est précisément le fait que ces Conseils sont leur création; le jour où l'État en imposera la constitution, il y a bien des chances pour que les uns et les autres s'en désintéressent et, comme c'est précisément l'intérêt qu'ils y portent qui en fait l'efficacité, il pourrait bien arriver que ces Conseils, désormais officiels, poursuivent leur existence au milieu de l'indifférence générale et ne manifestent plus leur vitalité que par l'envoi régulier de rapports au Ministère du Commerce. Sans compter qu'il est très difficile de légiférer d'une façon uniforme pour tout un pays et d'appliquer les mêmes règlements aux mineurs du Nord et aux ouvriers du Midi.

Sans doute, le gouvernement doit désirer voir les Conseils d'usine se multiplier et il doit chercher à développer cette institution, mais nous ne pensons pas qu'il puisse le faire utilement par voie d'obligation et par mesure générale. Il doit plutôt agir en encourageant l'initiative privée et en profitant des occasions et des circonstances, comme il l'a fait lors de la grève de 1899, en décidant la direction comme les ouvriers à constituer au Creusot le service des délégués ouvriers.

C'est ainsi que l'État peut agir efficacement dans les cas particuliers; mais il pourra aussi encourager la constitution par l'initiative privée des Conseils d'usine et des Conseils de métier, par des mesures générales.

Les moyens peuvent varier à l'infini, comme les circonstances locales; l'essentiel c'est que l'œuvre soit poursuivie avec esprit de suite. En Danemark, deux associations puissantes ayant conclu une convention de conciliation et d'arbitrage et reconnu d'avance pour le règlement de leurs conflits la compétence d'un tribunal industriel à créer, le gouvernement, au lieu de constituer de toutes pièces ce tribunal, accorda au président du Comité mixte créé par les deux associations, à la condition qu'il fût jurisconsulte, et fournît les garanties de compétence et de moralité requises des magistrats de droit commun, le pouvoir d'entendre les témoignages comme le font les autres juges du royaume. C'est un exemple fort intéressant de solution pratique.

En résumé, on ne saurait se passer tout à fait du concours de l'État, mais il ne faudrait pas se reposer sur lui du soin de tout faire. C'est une fonction à laquelle il n'est pas propre, qu'il remplit mal; « il n'est pas en son pouvoir, disait Ed. Burke, de s'occuper à notre place de nos besoins ». Faisons donc nous-mêmes nos affaires et ne réclamons le secours de l'État que dans des cas bien déterminés et avec prudence; n'oublions pas l'exemple du cheval qui, s'étant voulu venger du cerf, se laissa brider par l'homme et tomba en esclavage.

La France, nous l'avons vu, n'est pas en retard sur les autres pays au point de vue de l'organisation de la conciliation et de l'arbitrage des conflits du travail; elle possède quelques Conseils d'usine et quelques Conseils de métier, sa législation a pourvu au règlement des conflits individuels par l'institution des Conseils de prud'hommes et a, par la loi du 27 décembre 1892, organisé une procédure commode pour arriver au règlement des conflits collectifs.

Faut-il aller plus loin? Assurément le développement de la législation ouvrière n'est pas interrompu, mais ce serait s'illusionner que de trop attendre de l'action de la loi, alors que la question à résoudre est surtout une question morale. A cet égard, les Conseils de conciliation et d'arbitrage créés par l'initiative privée produiront des effets incomparablement meilleurs que ceux qui pourraient être constitués par décrets. L'institution ainsi établie est plus souple, plus facilement adaptée aux nécessités locales; elle ne naît pas partout mais là seulement où elle a des chances de réussir. La loi qui encouragera la création de conseils par des avantages et des faveurs sera bonne et louable, mais à la condition qu'elle n'aille pas jusqu'à la contrainte et jusqu'à rendre obligatoire la création de ces conseils. Du reste, pour les créer dès à présent il n'est pas besoin de loi; ils peuvent se constituer librement sous le régime des lois reconnaissant les droits de réunion et d'association. Ils peuvent même organiser des cours arbitrales, nonobstant les dispositions de l'article 1006 du Code de procédure civile, car il ne peut pas être question de rendre l'arbitrage obligatoire et, dès lors, le refus d'accepter dans le compromis les arbitres du conseil devra être considéré simplement comme un refus d'accepter l'arbitrage.

« Il est certain, disait le pape Léon XIII à des pèlerins français, en 1891, que la question ouvrière et sociale ne trouvera jamais sa solution vraie et pratique dans les lois purement civiles, même les meilleures. » Ainsi en est-il dans la question qui nous occupe. La loi civile doit aider, stimuler, encourager l'initiative privée, mais elle ne doit pas chercher à se substituer à elle, ni oublier que ce qui fait la force des institutions de conciliation et d'arbitrage, le principe qui donne à leur intervention un caractère vraiment amiable et garantit l'exécution par tous des sentences rendues, c'est précisément leur caractère spontané et la libre adhésion des parties.

En matière sociale plus qu'en aucune autre matière, il faut se résigner à ne progresser que lentement et à travailler en vue d'un but lointain. Cela ne vaut-il pas mieux cependant qu'une activité fiévreuse se dépensant en pure perte? Il faut considérer le but à atteindre et avoir la force de ne jamais regarder derrière soi de peur de se laisser décourager par la lenteur des progrès.

Or, quel est ici le but à atteindre? M. de Mun l'a défini excellemment dans une conférence prononcée en 1901 : « le mal qui éclate non seulement dans cette question de l'arbitrage, mais dans toutes celles qui ont trait à l'organisation du travail, c'est la séparation habituelle des patrons et des ouvriers, l'état d'isolement où ils vivent. Quand un conflit vient à naître et qu'un arbitrage est proposé, les délégués des parties intéressées s'abordent comme des étrangers, souvent comme des ennemis. Rien ne les a prédisposés à l'entente, à l'accord, à la concession mutuelle. Voilà le vice radical qui entrave si souvent les tentatives d'arbitrage. On ne le fera peu à peu disparaître qu'en mettant en présence les uns des autres, et longtemps à l'avance, dans la vie de chaque jour, les représentants des intérêts opposés. C'est par ces rapports constants, par l'habitude qu'ils prendront alors de se rencontrer, d'échanger leurs idées, de discuter leurs intérêts, de débattre dans leur détail toutes les causes de conflit, qu'ils finiront par établir entre eux l'harmonie préexistante, la concorde préalable, la bonne volonté réciproque, qui sont les conditions indispensables non seulement des arrangements transitoires mais de la solution durable des conflits. »

On ne saurait mieux dire. Mais lequel des deux adversaires d'aujourd'hui tendra le premier la main à l'autre pour lui demander de devenir son allié de demain? Qui fera la première démarche? Qui, sans se décourager, renouvellera ses avances jusqu'à ce qu'il ait fait tomber les préventions injustes ? Et qui donc doit le faire, sinon le patron qui, moins étroitement rivé au travail matériel quotidien, a *pu* et *dû* s'instruire des lois de la morale sociale. D'un niveau social plus élevé, d'une culture plus complète, il doit prendre conscience des devoirs que lui impose cette situation et, pour faire tomber cette barrière qui le sépare de ses ouvriers, ne reculer devant aucun effort, devant aucun sacrifice.



---

# TABLE DES MATIÈRES

## INTRODUCTION



## PREMIÈRE PARTIE

### PAYS ÉTRANGERS

### CHAPITRE PREMIER

#### ANGLETERRE



### CHAPITRE II

#### ÉTATS-UNIS D'AMÉRIQUE

## CHAPITRE III

### BELGIQUE ET HOLLANDE



## CHAPITRE IV

### ALLEMAGNE ET AUTRICHE

## CHAPITRE V

### COLONIES ANGLAISES



## CHAPITRE VI

### PAYS DIVERS

---

# DEUXIÈME PARTIE

## LA FRANCE

### CHAPITRE PREMIER

#### ŒUVRE DE L'INITIATIVE PRIVÉE



### CHAPITRE SECOND

#### L'ŒUVRE LÉGISLATIVE

## CONCLUSION





Typographie Firmin-Didot et $C^{ie}$. — Mesnil (Eure).

## MÊME LIBRAIRIE

**La politique protectionniste en Angleterre. Un nouveau danger pour la France,** par M. Georges Blondel. Un vol. in-12. . . . . . . . . . . . . . . . . . . . . . . . 2 fr. »

**A la recherche de l'Éducation correctionnelle à travers l'Europe,** par M. Henri Joly. *Nouvelle édition.* 1 vol. in-12. . . . . . . . . . . . . . . . . . . . . . . . 3 fr. 50

**La Situation économique comparée de la France et de l'étranger,** par M. Georges Blondel. Une brochure in-12. . . . . . . . . . . . . . . . . . . . . . . . 0 fr. 40

**Le Monde Socialiste :** *Les partis socialistes politiques, les Congrès socialistes politiques, les diverses formules du collectivisme,* par M. Léon de Seilhac. 1 vol. in-12. . . . 3 fr. 50

**Les Associations Agricoles en Belgique,** par Max Turmann, docteur ès sciences politiques et économiques, professeur au Collège libre des Sciences sociales. 1 vol. in-12. 3 fr. 50

**La Crise sociale,** par M. George Fonsegrive. 1 fort vol. in-12. . . . . . . . . . . . . . . . . . . . . . . . 4 fr. »

**Que faut-il faire pour le peuple ?** *Esquisse d'un programme d'études sociales,* par M. l'abbé Millot, aumônier du Collège Sainte-Barbe. 1 vol. in-12 de xii-518 pages. . 4 fr. »

**Le Socialisme contemporain,** par l'abbé Winterer, député d'Alsace-Lorraine au Parlement Allemand. *Quatrième édition revue et augmentée.* 1 vol. in-12 . . . . . . . . . . . . 3 fr. 50

**Au sortir de l'école : Les patronages.** *Troisième édition, revue et augmentée,* par Max Turmann, docteur ès sciences politiques et économiques, professeur au Collège libre des Sciences sociales, avec une lettre-préface de S. Ém. le Cardinal Lecot. *Ouvrage couronné par l'Académie française* (Prix Juteau-Duvigneaux). 1 vol. in-12. . . . . . . . 3 fr. 50

**L'Éducation populaire : Les œuvres complémentaires de l'école.** *Deuxième édition revue et augmentée,* par Max Turmann. *Ouvrage couronné par l'Académie française* (Prix Juteau-Duvigneaux). 1 vol. in-12. . . . . . . . . 3 fr. 50

**Le Fils de l'esprit** *(roman social),* par Yves le Querdec. *Troisième mille.* 1 vol. in-12.. . . . . . . . . . . . . . . . 3 fr. 50

---

Typographie Firmin-Didot et C^{ie}. — Mesnil (Eure).

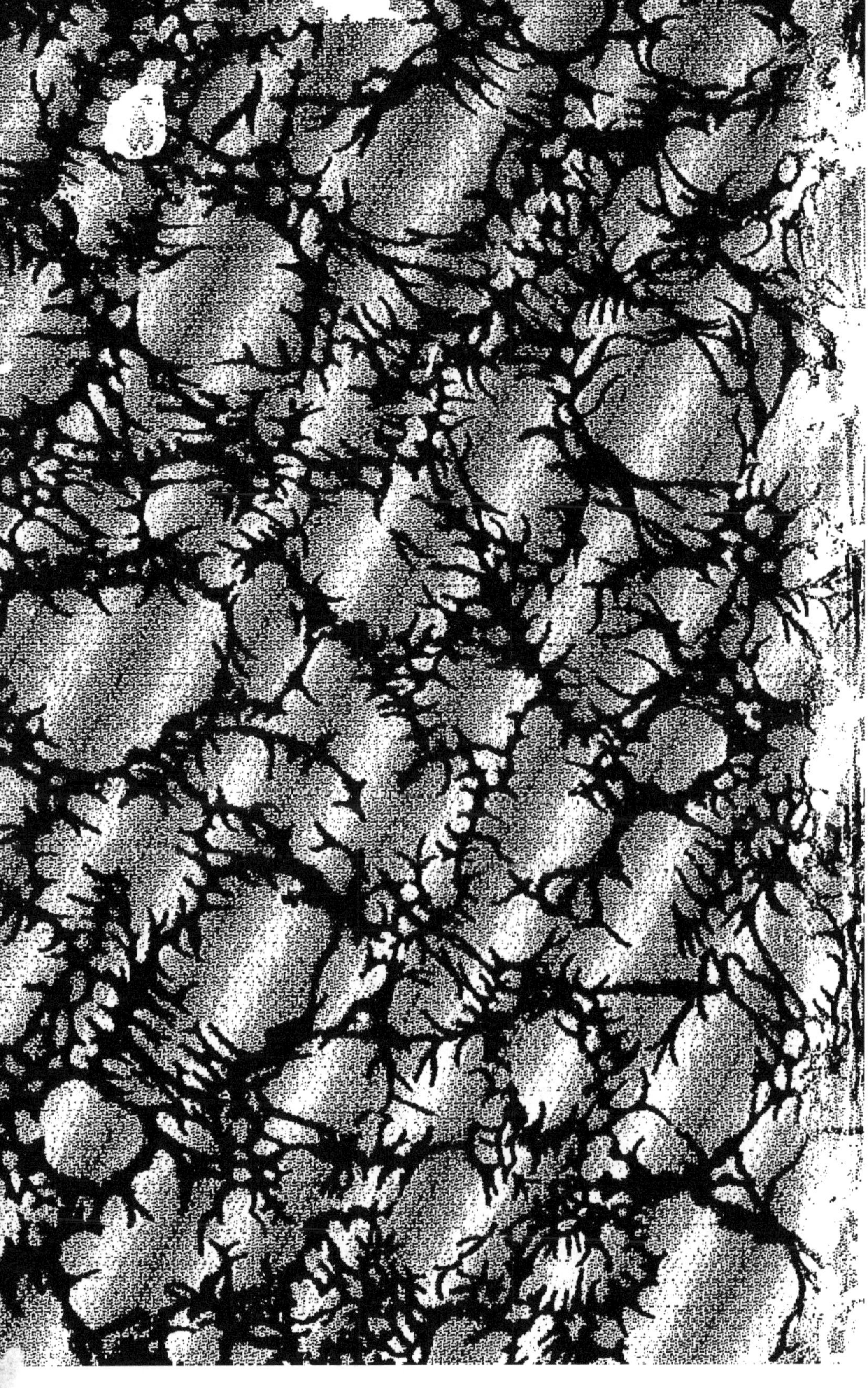

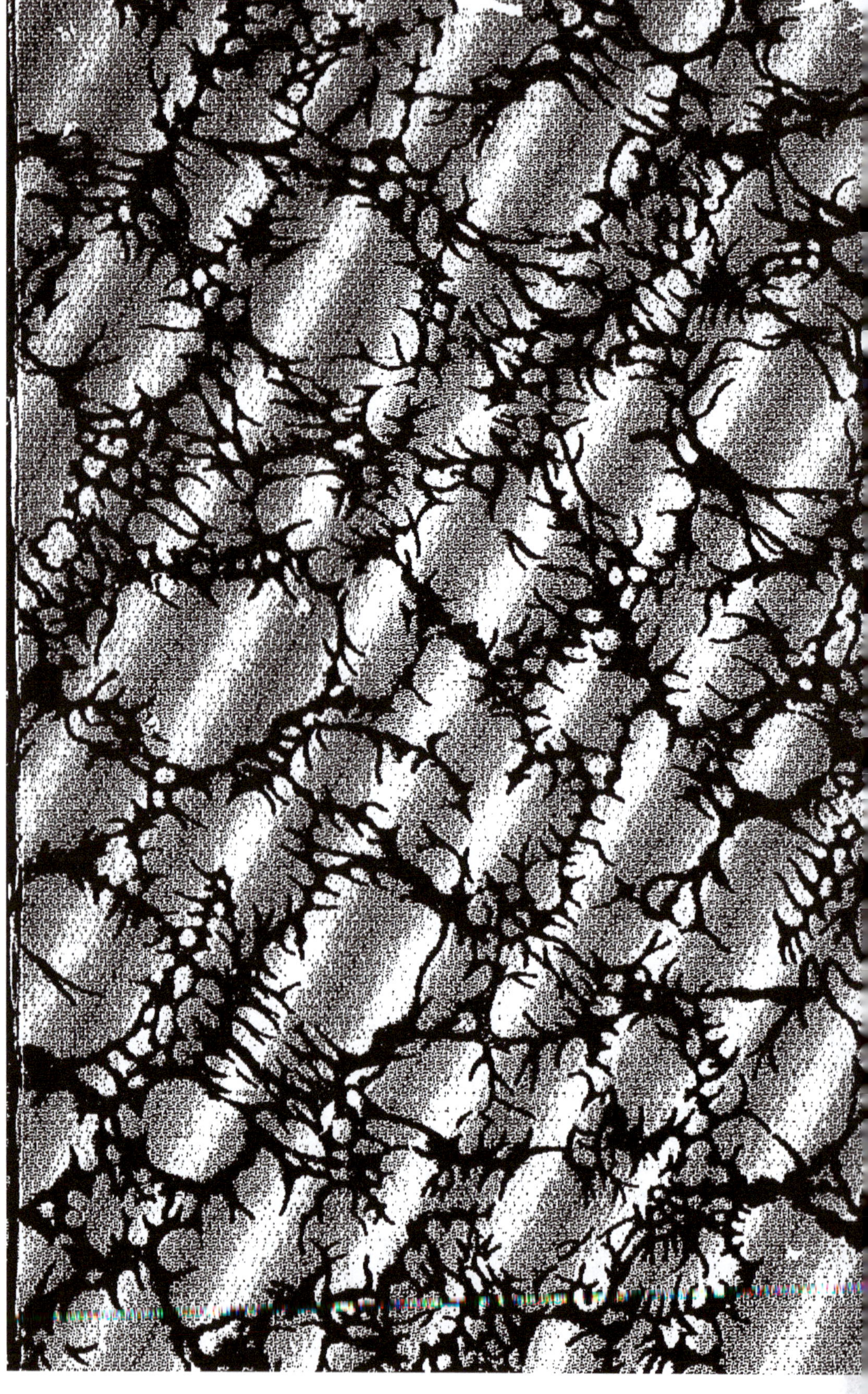

www.ingramcontent.com/pod-product-compliance
Ingram Content Group UK Ltd.
Pitfield, Milton Keynes, MK11 3LW, UK
UKHW020116200726
13856UKWH00002B/581

9 782013 552622